BEBÊS COM DEFICIÊNCIA
FÍSICA E PARENTALIDADE

Conselho editorial

André Costa e Silva

Cecilia Consolo

Dijon de Moraes

Jarbas Vargas Nascimento

Luis Barbosa Cortez

Marco Aurélio Cremasco

Rogerio Lerner

Blucher

BEBÊS COM DEFICIÊNCIA FÍSICA E PARENTALIDADE

Implicações para o desenvolvimento infantil

Diego Rodrigues Silva

Bebês com deficiência física e parentalidade: implicações para o desenvolvimento infantil
© 2022 Diego Rodrigues Silva
Editora Edgard Blucher Ltda.

Publisher Edgard Blücher
Editor Eduardo Blücher
Coordenação editorial Jonatas Eliakim
Produção editorial Thaís Costa
Preparação de texto Tampopo editorial
Diagramação Guilherme Henrique
Revisão de texto Marco Antonio Cruz
Capa Leandro Cunha
Imagem da capa Istok

Blucher

Rua Pedroso Alvarenga, 1245, 4º andar
04531-934 – São Paulo – SP – Brasil
Tel.: 55 11 3078-5366
contato@blucher.com.br
www.blucher.com.br

Segundo o Novo Acordo Ortográfico, conforme 5. ed. do *Vocabulário Ortográfico da Língua Portuguesa*, Academia Brasileira de Letras, março de 2009.

É proibida a reprodução total ou parcial por quaisquer meios sem autorização escrita da editora.

Todos os direitos reservados pela Editora Edgard Blucher Ltda.

Dados Internacionais de Catalogação na Publicação (CIP)
Angélica Ilacqua CRB-8/7057

Silva, Diego Rodrigues
  Bebês com deficiência física e parentalidade : implicações para o desenvolvimento infantil / Diego Rodrigues Silva. – São Paulo : Blucher, 2022.
  112 p.

  Bibliografia
  ISBN 978-65-5506-436-0

  1. Psicologia 2. Crianças com deficiência – Desenvolvimento 3. parentalidade I. Título

22-4514 CDD 155.45

Índice para catálogo sistemático:
1. Crianças com deficiência – Desenvolvimento

Conteúdo

Prefácio — 7

Apresentação — 11

Introdução — 15
    O ponto de partida — 15
    Uma proposta teórica — 18
    A pesquisa — 20

1. Sofrimento parental — 23
    Deficiência na primeira infância: uma situação crítica imprevisível — 23
    Sofrimento parental — 24
    Condições externas que afetam o estado emocional do cuidador — 28
    Para concluir... — 56

2. Parentalidade — 59
    Definição do conceito — 59
    Características da parentalidade humana — 63
    Observações gerais sobre a parentalidade de bebês com deficiência física — 65

		Condições que podem afetar a parentalidade	67
		Para concluir...	73
3.		Habilidades do bebê	77
		O que pode um bebê	77
		Envolvimento e recursos do bebê com deficiência física	79
		Expectativas parentais acerca das habilidades do bebê com deficiência	81
		Efeitos da severidade da deficiência na parentalidade	84
		Contratempos da sintonia afetiva	86
		Para concluir...	92

Considerações finais — 95

Referências — 99

Prefácio

Prefaciar é estar à janela e contar a quem passa na rua o que pode encontrar mais adiante. Aquele que passa pode, então, apressar o passo ou saltar por cima do prefácio, direto ao texto.

É dever do prefaciador não atrasar o passo de quem procura o que vem mais adiante, mas apenas motivá-lo a ir mais além, porque mais curioso ou esclarecido, sabendo um pouco mais ao que vai, se acaso estiver disponível para escutar.

É dessa janela, de que se pode olhar, no presente livro, que vos quero falar.

Gosto mais de quem fala de caminhos e percursos do que de quem fala de variáveis e correlações. A Psicologia muitas vezes tem de escolher qual destas é a melhor forma de produzir conhecimento e, ao mesmo tempo, ouvir a fala e o sentir das pessoas.

Este livro fala de vários caminhos. O caminho das pessoas com deficiência física, em primeiro lugar. Um caminho que conduziu o autor, Diego Rodrigues Silva, até aqui, ao momento em que organiza um pensamento e uma tese sobre as pessoas com deficiência e as suas famílias. Um caminho que ele próprio também bem conhece, feito por muitas barreiras e obstáculos, certamente, mas também um percurso de produção científica séria e significativa. Neste, o autor junta várias partes na maioria das vezes desconectadas e que não se comunicam: a pesquisa sobre o desenvolvimento das pessoas com deficiência física, o lugar da família e sua adaptação à condição do filho, a educação das crianças e o pensamento psicanalítico. Estes são saberes da Psicologia, da Psicanálise e da Educação que muitas vezes não dialogam o suficiente e, por isso, não crescem em conjunto. O autor deste trabalho, no livro em que divulga a sua tese de doutorado, assume o compromisso desafiador de construir um lastro teórico que não despreza nada do conhecimento científico e dos resultados de pesquisa neste domínio. Pelo contrário, enfrenta a árdua tarefa de colocar o pensamento psicanalítico a serviço da compreensão do desenvolvimento da criança e da família de que fala a pesquisa em Educação e em Psicologia.

A pessoa com deficiência deixa de ser apenas um interesse teórico e conceitual, suporte na construção de uma teoria sobre o devir psíquico e as suas patologias, para ser objeto de interesse em si mesma, no seu percurso de vida, na multiplicidade dos fatores que estão presentes no seu desenvolvimento e nas suas diferentes formas de participação. O pensamento psicanalítico é, assim, desafiado dentro do paradigma atual de compreensão de deficiência, já não restrito à afetação das funções (psíquica ou outras) e estruturas do corpo, mas que integra as dimensões da atividade e participação, num momento em que o intrapsíquico se articula com a inclusão nos seus incontáveis desafios (familiares, escolares e sociais de todo o tipo).

Um segundo percurso de que este livro dá conta é o do sofrimento da (e na) parentalidade.

Muitas vezes se tem desprezado, no trabalho com as crianças com deficiência, o papel e lugar dos pais, que se olham essencialmente como obstáculo ou meros colaboradores das maravilhosas promessas das terapias. E estes pais/mães ficam então nas salas de espera, entregues à sua dor mental, sem passado nem futuro.

Muitas vezes também, quem trabalha com estas crianças exige dos pais e mães que, simplesmente, estejam bem. Que no interesse do trabalho com a criança se declarem bem, se esqueçam de si e se anulem. Que a sua identidade se dilua, que o seu nome passe a ser "mãe de..." ou "pai de...". Também então os pais ficam entregues à sua dor mental, desamparados nas expectativas e crenças que, querendo ou não, os profissionais lhes alimentam, na ilusão de que tudo vai voltar a ser, um dia, como era no seu desejo inicial, quando o bebê ainda não tinha nascido ou o diagnóstico ainda não tinha sido feito.

Em ambos os casos o risco avassalador é que, no seu percurso de vida, os pais fiquem atolados nas areias movediças do seu sofrimento, incapazes de caminharem levando mais adiante o seu desenvolvimento.

É esta a essência do que fala este livro: de como ser pai e mãe de uma criança com deficiência. Se ser mãe/pai de qualquer criança é difícil (porque não se aprende na escola nem ela traz livro de instruções), mais ainda o é quando o filho tem uma condição que o diferencia dos outros.

Dois percursos se iniciam nesse momento, dois grandes vetores. Num deles os pais em sofrimento têm dificuldade em saber o que fazer com o seu bebé (como se comunicar, incentivar, motivar ou brincar) e, consequentemente, a relação que com ele estabelecem é marcada pelas consequências deste sentir e deste processo de adaptação. No outro lado do circuito, é a criança que, em função da sua condição/deficiência, ou seja, pela forma como estão afetadas as suas competências sensoriais, cognitivas, motoras ou emocionais, também ela não possui os meios, ou recursos, mais adequados para se comunicar e se vincular com os seus pais.

No encontro destes dois percursos está a relação que se vai estabelecer, e que se quer promotora de desenvolvimento para a criança e igualmente o tem de ser também para os seus pais. Ambos os percursos requerem tempo: tempo para semear e para crescer.

É no encontro destes dois percursos que o autor situa o essencial da sua tese:

> *a descoberta de uma deficiência na prole pode acarretar mudanças práticas e emocionais, ainda que a sua extensão varie em cada caso. Sabe-se que diagnósticos na primeira infância podem comprometer a disponibilidade dos pais para a parentalidade. Para além disso, a deficiência pode impactar as habilidades do bebé para iniciar e sustentar uma relação ativa com seu cuidador. Se isto ocorre, as trocas necessárias ao desenvolvimento cognitivo, linguístico, social emocional e motor são comprometidas. Ainda que possa haver um processo de adaptação, é necessário um tempo do qual não se dispõe uma vez que as janelas de desenvolvimento são únicas. Contudo, mesmo que as dificuldades tenham sido*

instaladas, suas consequências (funcionais e emocionais) são passíveis de intervenção.

Podemos ver mais claramente como é inibidor (ou pelo menos limitativo) o conceito popular de aceitar: o que se espera é que os pais têm de aceitar a condição de seus filhos.

Se aceitar é resignar-se, de modo nenhum! Aceitar é bem pouco, quase nada. O contrário de negação não é aceitar. O oposto de negar, revoltar-se, sofrer ou deprimir é, neste caminho, retomar o seu desenvolvimento saudável, com o seu projeto de vida, novos sonhos, novos ideais e novas esperanças, junto com seu filho tal como ele é.

Uma parentalidade assente na resignação, em que os pais são apenas utilitários, funcionais e práticos, não é o que a criança precisa para o seu caminho. Ela carece de alguém que possa efetivamente gostar dela, capaz de ver nela capacidades, qualidades e potencialidades e de com ela construir futuro.

De tudo isto fala este livro e de muito mais. Em que a parte empírica é um bom pretexto para atentar no percurso e formularmos o desejo que a pesquisa científica possa, a partir dele, olhar de outro modo este caminho de tornar-se pai/mãe de uma criança com deficiência motora.

Vitor Franco

Évora, abril de 2022.

Apresentação

As páginas que se seguem são o produto de uma pesquisa de doutorado realizada ao longo de quatro anos no Programa de Psicologia Escolar e do Desenvolvimento Humano do Instituto de Psicologia da Universidade de São Paulo. São a consequência de dois anos de pesquisa anteriores em uma dissertação de mestrado sobre a deficiência física ocorrida anteriormente. E, finalmente, são o resultado de 32 anos de vivência e inquietação com as consequências da deficiência física para aquele que a possui, assim como àqueles que estão em seu entorno. Assim, produto, consequência e resultado se amalgamam neste livro dedicado à vivência dos cuidados de um bebê que, muito cedo, foi definido como uma pessoa com deficiência física. Este tema é uma gota de água frente ao oceano que é a deficiência. Condições como as deficiências adquiridas, as deficiências sensoriais e intelectuais e as pessoas adultas com deficiência não são aqui abordadas. Entretanto, o leitor se dará conta de que esta pequena gota carrega a complexidade de um universo e a análise de suas propriedades pode ajudar profissionais – até mesmo pais – a melhor compreenderem a sutileza da parentalidade, seu efeito no desenvolvimento infantil e as particularidades que podem ocorrer quando algo atípico é observado no bebê ou mesmo quando se detecta uma condição que se caracteriza como deficiência física.

Quando se trata das deficiências, as comparações com um padrão de normalidade, ainda que injustas, são inevitáveis. Foi a partir de uma comparação como esta que a pergunta que norteou o tema deste livro surgiu durante uma aula de psicanálise: a experiência afetuosa dos pais ao segurar um bebê se mantém a mesma ainda que este tenha graves deformidades físicas? Eu era um aluno do terceiro semestre do curso de Psicologia que estava habituado com o universo da deficiência física e os conceitos apresentados sobre a parentalidade pareciam incongruentes com aquela realidade conhecida. Cinco anos se passaram e a pergunta se manteve, mas ganhara refinamento conceitual e científico: seria a parentalidade afetada por um diagnóstico de deficiência física do bebê?

O que talvez tenha surgido de um preconceito se tornou uma preocupação real a partir do contato com os trabalhos de Cristina Kupfer e Rogério Lerner sobre o desenvolvimento infantil: havia evidências de que os pais precisam estar disponíveis para cuidar do bebê e, quanto menor esta disponibilidade, maiores eram os impactos no desenvolvimento. "Disponíveis" não diz respeito apenas ao tempo despendido. Um pai pode ter tempo para brincar com seu bebê e ainda assim não estar disponível. Trata-se de uma permeabilidade, uma abertura para afetar e ser afetado pelo que aquele pequeno ser expressa em seus gestos, olhares e choros. Se, por um lado, as pesquisas falavam da importância da disponibilidade dos pais, por outro, diziam que um diagnóstico de deficiência a afetava diretamente. Termos como "crise", "impacto" e "desconstrução" estão sempre presentes nesses estudos e há certo consenso de que a experiência de ter um bebê com deficiência aumenta as chances de depressão, ansiedade, estresse e sobrecarga. Assim, me via frente a dois modelos que, se verdadeiros, seriam incongruentes entre si: se ter uma deficiência afeta a sensibilidade do cuidador para se relacionar com seu bebê, seu desenvolvimento estaria em cheque. Mais do que isso, talvez, uma parte das dificuldades que nele se observa e se atribui à deficiência poderiam ser, na verdade, produto de relações afetivas complicadas. No entanto, diferentemente das suposições anteriores, a parentalidade destes bebês e seu efeito no desenvolvimento foi muito pouco pesquisada.

Novamente, a deficiência é vista como problemática por sua comparação com uma norma: a vivência da pessoa com deficiência é adversa, a experiência de seus pais, turbulenta, e o processo de desenvolvimento infantil, comprometido. São muitas afirmações que requerem cuidado e principalmente pesquisas que as confirmem ou refutem. É de vital importância que estas condições sejam conhecidas e verificadas, pois permitem que profissionais saibam exatamente como intervir, que gestores possam gerenciar recursos para garantir tratamento quando necessário e que pais saibam que dispõem de apoio caso requeiram. Neste caso, a comparação com um padrão normativo encontra sua utilidade na medida em que resultados de pesquisa, como os aqui apresentados, demonstram modelos da realidade que permitem fazer inferências e previsões, ainda que não reflitam a totalidade da vivência destas famílias.

Deste modo, estes dados foram aqui organizados em três grandes tópicos que compõem partes distintas, mas que se inter-relacionam. A primeira trata do sofrimento parental *após* a notícia de um diagnóstico de deficiência física. O marco temporal aqui é fundamental, pois, somada às dificuldades práticas, a proximidade da revelação de um diagnóstico parece ter um efeito interessante, sendo ambos discutidos. A segunda delimita as trocas cotidianas que compõem a parentalidade, assim como, de que forma a deficiência a atravessa. Mais do que apontar se há uma qualidade inferior ou superior na parentalidade destes cuidadores, discuto particularidades e sinais de que algo possa não estar indo bem. Por fim, a terceira trata da participação ativa deste bebê no jogo intersubjetivo que trava com aquele que lhe fornece os cuidados primordiais. Cada turno dessa partida é analisado, do início do movimento do bebê até a resposta dada pelo cuidador, para que eu possa então apontar algumas fragilidades dessa interação.

Como havia alertado, o tema traz "a complexidade de um universo", cujos corpos celestes convidam o leitor a observar de perto fenômenos da psicologia do desenvolvimento infantil. Para alguns será um caminho de descobertas e para outros de aprofundamento, mas, em ambas as situações, levará ao menos a uma reflexão necessária na busca por melhorar as condições das pessoas com deficiência física.

Introdução

À guisa de uma orientação, primeiramente é preciso conhecer os protagonistas, as pessoas com deficiência e, mais especificamente, na tenra idade. Assim, defino e circunscrevo o grupo-alvo, suas características, sua incidência e, principalmente, a perspectiva que utilizo para abordar o assunto. Em outras palavras, este é um momento de alinhar o ângulo de visão do leitor para que possa tirar suas próprias conclusões a partir de uma compreensão ajustada sobre o texto.

O ponto de partida

O termo "deficiência" foi avalizado pela *Rehabilitation Internacional* em 1980 e traduzido para o português em 1989. No entanto, o termo trouxe consigo outros dois termos que a ele estão associados: "incapacidade" e "desvantagem". Assim, o primeiro é definido por uma perda ou anormalidade de uma estrutura ou função do corpo. O segundo, por uma restrição de atividades devido à deficiência, e o terceiro, por um prejuízo social resultante da deficiência ou da incapacidade (Amaral, 1996). Desde então fica bastante clara a posição mundial sobre a deficiência: não se trata de uma doença, assim como não se restringe a uma anomalia de causa orgânica. Entende-se que sua origem é relevante, mas o quanto pode impactar as funções cotidianas, como a locomoção e a alimentação, por exemplo, também o é. Da mesma forma, a maneira pela qual as pessoas do entorno reagem à deficiência, incluindo-a ou limitando-a, compõe o que se compreende por deficiência.

Este modelo ganha uma sistematização com a Classificação Internacional de Funcionalidade, Incapacidade e Saúde (CIF) (OMS, 2020). A deficiência aqui é concebida como uma condição de saúde, um arranjo no qual diferentes fatores participam compondo um quadro descritivo final. Sistematicamente, a alteração no corpo pode ou não afetar uma função, que por sua vez poderá ou não afetar uma atividade que será ou não incluída em um dado contexto social. Fatores pessoais como sexo, idade, estilo de vida, experiências passadas e valores psicológicos também são considerados e podem impactar os demais elementos, ainda que a classificação careça de uma fundamentação mais clara que permita sua utilização.

Na articulação entre aspectos orgânicos e relacionais se encontra a deficiência. Isto é, uma criança pode ter um comprometimento nas pernas que afete sua habilidade de locomoção de modo que andar *convencionalmente* não se faz possível. Contudo, uma cadeira de rodas garante que esta função seja executada apesar do comprometimento em seu corpo. Deste modo, a alteração não afetou a função e a criança pode se deslocar como desejar. Essa forma de locomoção permite à criança desempenhar atividades como ir à escola e brincar com seus amigos, mas se estes a impedem de participar, por exemplo, ainda que a função e a atividade tenham sido contornadas pela cadeira de rodas, a deficiência se mantém. Como é possível supor, os arranjos são diversos e cada um dos elementos é considerado e analisado para que se caracterize uma deficiência.

Complexo e multidimensional, este modelo é amplamente adotado ao redor do mundo e figura na legislação brasileira sob a Lei n. 13.146 de 2015 regulamentando tomadas de decisão, como a concessão de benefícios de seguridade social. Nesta se encontra a seguinte definição:

> *Considera-se pessoa com deficiência aquela que tem impedimento de longo prazo de natureza física, mental, intelectual ou sensorial, o qual, em interação com uma ou mais barreiras, pode obstruir sua participação plena e efetiva na sociedade em igualdade de condições com as demais pessoas.*

Neste modelo, a deficiência física é o comprometimento das funções motoras. Dentre suas causas encontram-se as condições genéticas, infecções virais ou bacterianas ocorridas ao longo da gestação, complicações pós-parto e eventos traumáticos que lesionam o sistema nervoso, comprometendo a comunicação entre o encéfalo e o restante do corpo. Convencionalmente, é chamada de deficiência congênita aquela ocorrida antes ou no momento do nascimento e deficiência adquirida a que ocorre posteriormente, geralmente devido a traumatismos, como explicado. Assim como suas origens são diversas, suas consequências para o corpo e seus movimentos também o são. Existem casos em que há uma alteração anatômica, como a deformidade ou mesmo ausência de um membro; pode haver comprometimento motor, alterando a forma dos movimentos, como uma marcha cambaleante ou padrões rígidos que dificultam a coordenação motora fina e pode haver perda completa da movimentação e da sensibilidade de uma parte do corpo. Neste último caso, extremo, não há conexão entre a parte afetada e o sistema nervoso central, impossibilitando qualquer sensação de toque, temperatura ou dor, assim como qualquer movimento (Macedo, 2008). É curioso como até 1999 as deformidades estéticas não eram legalmente consideradas deficiências físicas, pois não implicariam prejuízo de função. Já com a legislação atual, compreende-se que uma deformidade na face, por exemplo, tem consequências para as relações cotidianas e pode ser considerada uma deficiência se o avaliador assim o decidir.

Para dimensionar a quantidade de pessoas vivendo nessa condição, trago alguns dados de incidência de deficiência física na população. O dado mais atual advém do censo de 2010 realizado pelo IBGE. Este aponta que das 190.755.799 pessoas no país, 45.670.823 apresentavam alguma deficiência. 13.265.599 declararam ter deficiência física, com 734.421 se definindo no critério "Não consegue [andar ou subir escadas] de modo algum", 3.698.929 "Grande dificuldade [ao andar ou subir escadas]" e 8.832.249 "Alguma dificuldade [ao andar ou subir escadas]".

Na faixa dos 0 a 4 anos, os dados são ainda mais desatualizados e datam da pesquisa realizada em 2000 pela SEADE. Nesta se encontram 141.072 pessoas com deficiência física. Restringindo ao município de São Paulo, na faixa dos 0 a 14 anos, os dados apontam que 23% da população com deficiência é "Incapaz de Caminhar", 7% tem "Paralisia Permanente Total" e "Paralisia

Permanente das Pernas", 6% tem "Paralisia Permanente de um dos Lados do Corpo", 8% apresenta "Falta de Perna, Braço, Mão, Pé ou Dedo", 10% "Grande Dificuldade Permanente de Caminhar" e 31% "Alguma Dificuldade Permanente de Caminhar".

Uma proposta teórica

Dada a perspectiva adotada mundialmente sobre a deficiência, sua legislação e variedade de apresentação, teorias foram desenvolvidas para orientar os profissionais no atendimento a esta população. Na psicologia, uma obra de 1983 escrita por um dos mais importantes psicólogos do desenvolvimento infantil, Lev Vygotsky (1983/1997), propõe uma diferenciação esclarecedora e que balanceia a participação dos fatores orgânicos e relacionais. Segundo o autor, "as consequências sociais do defeito acentuam, alimentam e consolidam o próprio defeito. Nesse problema, não há como o biológico ser separado do social" (p. 93, tradução nossa). Assim, aponta que há uma condição primária advinda da deficiência que diz respeito aos prejuízos estruturais de ordem orgânica, mas também que "existem complicações secundárias, terciárias etc. que não derivam do próprio defeito" (p. 221, tradução nossa). Neste modelo, o isolamento social enfrentado pelas crianças com deficiência pode levar a prejuízos no desenvolvimento de suas funções, completa.

Posteriormente, em 1998, Lígia Amaral, pioneira no estudo da Psicologia das Deficiências no Brasil, fomenta este pensamento, estabelecendo mais diretamente a nomenclatura "deficiência primária" para a deficiência e a incapacidade e "deficiência secundária" para a desvantagem. Entretanto, sua proposta vai além da atribuição de novas nomenclaturas para fenômenos já conhecidos. De acordo com a autora, a deficiência primária se refere ao que é intrínseco à pessoa: uma descrição pontual de alterações nas estruturas e funções do corpo, como um desvio ósseo que afeta habilidades de pinça ou uma fraqueza muscular que dificulta a sustentação do tronco, por exemplo. Estas se apresentam como dificuldades *no* desenvolvimento humano que, em si, não o impedem.

Por sua vez, a deficiência secundária remete a aspectos extrínsecos à pessoa, sendo estes valorativos e relativos. Trata-se do "conjunto de ações/reações ao fenômeno deficiência e às pessoas que o corporificam" (Amaral, 1998, p. 26). A autora aponta para toda sorte de ocorrências de negação e exclusão decorrentes da maneira pela qual cada sociedade lida com a deficiência e que interferem nas relações estabelecidas com estas pessoas. São valorativos, pois emitem um julgamento de valor sobre uma alteração e/ou dificuldade em uma função do corpo. E são relativos, pois o valor atribuído não é diretamente associado à dificuldade em si. Dito de outro modo, a dificuldade de um bebê de se mexer pode ser vista por seus pais como um castigo, mas, em outras situações, um bebê com as exatas condições pode ser visto como um anjo. A extrapolação das características físicas para a totalidade do bebê ocorre (aspecto valorativo), mas o valor atribuído não é fixo (aspecto relativo). Esta é uma definição fundamental, pois se o bebê é visto como castigo, é possível que os pais evitem um contato muito próximo, brinquem pouco e ofereçam estímulos pobres ao longo de seu desenvolvimento. Por sua vez, o bebê-anjo é venerado, rodeado de observadores atentos a cada um de seus graciosos gestos (ainda que atípicos). O brincar é magico e o desenvolvimento é permeado por momentos enriquecedores. Por este motivo, Amaral, bastante alinhada ao campo da Psicologia do desenvolvimento infantil, afirma que a deficiência secundária, ao contrário da primária, pode impedir o desenvolvimento humano.

Este modelo teórico tem duas grandes vantagens. A primeira é encarar a deficiência de frente, sem escamoteá-la. Uma vez que a deficiência primária tenha se instalado este será um fato inegável e irrevogável. Mesmo que intervenções terapêuticas e cirúrgicas venham a ocorrer, serão ainda correções e ajustes, em linguagem corrente, uma *re*abilitação, pois algo já está em curso. No entanto, ainda que esta proposta soe fatídica, abre para todo um campo de intervenção sobre a deficiência secundária, sendo justamente essa a segunda vantagem. Ora, acabo de dizer que as relações que se estabelecem em torno da pessoa com deficiência impactam diretamente sua participação e, consequentemente, seu desenvolvimento. Assim, os cuidados com a inter-relação parecem ter tanta urgência quanto a necessidade de se prover fisioterapia, principalmente se tratando da primeira infância, quando os pilares da cognição, motricidade e afeto são erigidos. Isto posto, frente à inexorabilidade da deficiência primária, muito pode ser feito na secundária e a Psicologia dispõe de teoria e tecnologia para explorar esse campo apropriadamente e aprofundadamente, mesmo que não o tenha feito ainda.

No futuro será possível descobrir, por exemplo, se a reabilitação alinhada à psicoterapia em um modelo transdisciplinar poderia reduzir as consequências da deficiência primária ou mesmo se o atendimento oportuno aos pais – logo após uma notícia de diagnóstico que trouxe dificuldade às relações – poderia restringir o quadro à deficiência primária o máximo possível. Da mesma forma que uma criança canhota não sofre grandes impactos em seu desenvolvimento por conta de sua condição física, conjecturo serviços que reduzam a deficiência física ao que simplesmente é: uma alteração anatômica e/ou funcional que faz parte das demais características da pessoa, prescindindo de valorações passionais, sejam elas positivas (como o anjo) ou negativas (como o castigo). Para tanto, muita pesquisa deve ainda ser feita até que tenhamos dados suficientes para elaborar intervenções mais precisas. Deste modo, como um gesto motivador, apresento adiante minha pequena contribuição, esperançoso de que outros possam participar dessa construção conjunta.

A pesquisa

O conteúdo dos capítulos que compõem este livro deriva de um estudo realizado entre 2018 e 2022. Dez pais de bebês com deficiência física que tiveram uma avaliação profunda e um prognóstico noticiado há no máximo quatro meses gentilmente participaram do estudo. Nenhum deles teve qualquer conhecimento do quadro do bebê antes da gestação, de modo que foi possível se aproximar dos momentos seguintes à notícia do diagnóstico. Outros dez pais de bebês sem deficiência física (ainda que nenhum deles apresentasse qualquer outra deficiência) também fizeram parte e foram cuidadosamente escolhidos a partir de critérios etários e sociodemográficos para serem pareados, um a um, aos bebês do grupo com deficiência. Desta forma, pude comparar pais e bebês com deficiência entre si e com pais de bebês sem essa condição. Foi avaliado o sofrimento destes pais e a parentalidade por eles despendida, a resposta do bebê aos pais e seu nível de desenvolvimento. Dentre os instrumentos de avaliação fizeram parte questionários, registro da interação cuidador-bebê em vídeo e entrevista. Sobre esta última, tomo a liberdade de citar, ao longo dos capítulos, falas literais que favoreçam a discussão, garantindo que qualquer dado identificável foi retirado. Por este motivo, no lugar do nome se encontra o número de identificação da díade.

Apresento aqui uma discussão integral sobre o tema, mas prevenindo o leitor da aridez do discurso puramente científico, bem como de seus gráficos e tabelas. Por sua vez, me valho aqui do conteúdo integral das entrevistas, uma vez que o formato aqui utilizado permite uma apresentação maior em relação à tese, o registro original do estudo. De todo modo, para aqueles que quiserem o manuscrito da tese, este se encontra publicado no banco de teses da Universidade de São Paulo (USP) e novamente deixo aqui um convite à leitura. Como se verá adiante, a informação é um elemento-chave quando se trata de pais às voltas com o diagnóstico do filho. Por este motivo, acredito que a modalidade de apresentação aqui empregada favoreça sua disseminação e alcance não apenas outros cientistas, mas também profissionais em formação e quem sabe até mesmo pais na mesma situação dos que compuseram o estudo. O esforço para aumentar a conscientização e estimular a produção de novas pesquisas é genuíno e, junto a grandes parceiros, poderemos promover melhorias na qualidade de vida dessas famílias.

1. Sofrimento parental

Deficiência na primeira infância: uma situação crítica imprevisível

A chegada de um bebê na família não é um evento trivial. Carregada de expectativas, movimenta conteúdos profundos e mobiliza emoções talvez nunca antes experimentadas. Para os pais, trata-se tanto de uma experiência que requer novas formas de agir quanto implica novos modos de se ver. Aquele que se torna mãe ou pai precisa lidar com o encontro do passado, presente e futuro, pois, ao passo que recorre a sua própria vivência anterior como filho ou filha, deve, no momento atual, assumir responsabilidades e desempenhar tarefas que garantam condições favoráveis ao bebê no futuro.

Esta situação sensível não é única ao longo da vida. De maneira semelhante, o crescimento, a passagem pela educação e a constituição de uma família podem ser compreendidos como "situações críticas previsíveis" (Amaral, 1995). Estas são situações novas que requerem o confronto com a ambiguidade, de modo que não se espera que sejam incólumes, pois algum nível de conflito é despertado. Entretanto, apenas se não superada, estas situações podem se tornar uma crise com implicações que requerem atenção profissional.

Da mesma forma ocorre com as "situações críticas imprevisíveis". Atípicas e não esperadas, estas podem ser concretas, impactando diretamente a vida da pessoa, ou mesmo simbólicas, sendo sentidas como críticas, o resultado é o mesmo.

> No caso de deficiência congênita ou precoce de um filho, esse é obviamente, um acontecimento traumático e imprevisível do ponto de vista dos pais. Nesse mesmo caso, do ponto de vista do filho, situações críticas previsíveis podem ser aprioristicamente pensadas como agravadas, dependendo do quadro, no que se refere ao desenvolvimento físico, psíquico ou social (Amaral, 1995, p. 76).

Deste modo, quando uma deficiência se faz presente na primeira infância – o período entre o nascimento e os seis anos de idade do bebê – se caracteriza para os pais uma situação crítica imprevisível. Convencionalmente, se espera que o médico diga após o parto "parabéns, seu filho é perfeito" e quando isso não ocorre são necessárias novas formas de agir, pois o que se imaginava sobre o bebê se altera, assim como muda a forma como se é visto: agora é uma mãe ou um pai de uma criança... com deficiência. O futuro esperado pelos pais para o bebê também se modifica, pois poderão surgir questões acerca de como será sua vida, sua escolarização e como irá formar sua própria família quando adulto. Como dito, a ocorrência de sentimentos conflitantes é esperada e inevitável, de modo que apenas os momentos seguintes permitirão verificar se uma crise se instalou. Dado algum tempo, as novas respostas e expectativas podem se sobrepor às anteriores, permitindo que o curso seja retomado sem maiores problemas. Contudo, quando isso não ocorre nossa preocupação se inicia.

Sofrimento parental

Avaliar a existência de uma crise em uma família cujo bebê recebeu um diagnóstico de deficiência física não é uma tarefa objetiva e clara, mas há alguns sinais nos quais os profissionais podem se apoiar. A incidência de ansiedade e depressão, principalmente em níveis severos[1] e persistentes ao longo do tempo, são exemplos destes.

---

[1] Em uma escala composta pelos graus mínimo, leve, moderado e severo de acordo com estudos que definem o nível esperado para a população em comparação àqueles que sofrem de transtornos mentais.

Em um levantamento que reuniu as pesquisas publicadas entre 2013 e 2018 sobre pais de bebês com deficiência física (Silva, 2022), encontrei que em 35% havia sintomas de ansiedade com um nível médio definido como moderado. Sempre que comparados a pais de bebês sem deficiência, tendiam a demonstrar maior depressão e, comparados entre si, as mães apresentavam maior ansiedade em comparação aos pais. Sobre a depressão, aumenta para 42% o número de pais com estes sintomas que, por sua vez, figuram entre leve e moderado. Apenas em 15% os níveis são severos. Novamente, os pais com bebê com deficiência, quando comparados a grupos de bebês típicos, ou seja, sem deficiência, mostraram maior depressão.

Este panorama geral oferece uma perspectiva ilustrativa: ainda que se note algum sofrimento, este não é grave ou estendido a todo e qualquer cuidador que tenha um bebê com deficiência física. Do contrário, apenas uma parte padece de sintomas severos e os demais permanecem às voltas com algum grau de sofrimento, como se havia apontado sobre as situações críticas previsíveis e imprevisíveis. Entretanto, houve nestes estudos pouco cuidado em relação ao momento em que os pais foram avaliados. Imagine uma mãe que acaba de descobrir a deficiência do filho e seus níveis de depressão sobem às alturas. Comparar esta mãe com outra que há um ano persevera nos cuidados deste bebê e apresenta os mesmos níveis de depressão não parece muito preciso, pois trata-se de momentos e vivências diferentes. Deste modo, talvez uma avaliação pontual da depressão e da ansiedade seja menos relevadora quando há a presença de uma crise.

Em meu estudo verifiquei que os pais dos bebês com deficiência física destoaram pouco daqueles sem deficiência. Pontualmente, os valores médios de ansiedade foram definidos como leve no primeiro grupo e mínimo no segundo, e os de depressão foram leve em ambos. Os níveis de sofrimento encontrados são coerentes com os estudos atuais, ainda que fosse esperada uma diferença maior entre os grupos. Uma hipótese para a pouca diferença aqui encontrada é que talvez as condições a que ambos os grupos estavam submetidos tenham sido preponderantes em relação ao sofrimento. É provável que contextos de maior vulnerabilidade afetem os pais tanto quanto um diagnóstico de deficiência física. Talvez o medo vivenciado por um lugar pouco seguro desencadeie depressão e ansiedade iguais aos de uma notícia da deficiência do filho. No entanto, dado o pareamento satisfatório quanto à condição socioeconômica dos grupos, a pouca diferença se deva ao número pequeno de participantes que torna a pesquisa pouco sensível a variações se estas não forem tão notáveis. Desta forma, se essa análise geral apenas remete a limitações da pesquisa ou à premissa de que sem uma vivência de crise não se observariam sofrimentos mais importantes, uma análise pormenorizada permite avançar um pouco mais na discussão.

Destacando quais sintomas de ansiedade e depressão aparecem em maior nível no grupo de pais de bebês com deficiência, o seguinte conjunto surge:

- incapacidade de relaxar;
- medo de perder o controle;
- assustado(a);
- tristeza;
- irritabilidade;
- agitação;
- perda de interesse;
- desvalorização.

Nesse grupo, parece se delinear um perfil característico que aponta para um sofrimento reflexivo e introspectivo, mais expresso em sentimentos e pensamentos do que em comportamentos observáveis e somáticos (como palpitação no coração, suor não devido ao calor, perda de peso ou de apetite). Não ao acaso, pesquisadores têm encontrado também culpabilização, sentimentos de falha (Vadivelan et al., 2020), punição, preocupação constante, solidão (Alaee et al., 2015), irritação quando as situações fogem do controle (Al-Gamal & Long, 2013), vulnerabilidade e desconhecimento (Simões et al., 2013). Na medida em que os dados de minha pesquisa encontram ressonância com as demais, a evidência de tais sintomas se fortalece. Gostaria, contudo, de apontar que ainda que os observem, os cientistas não os haviam reunido e considerado como um perfil de sofrimento característico de pais de bebês com deficiência física. Se este modelo se confirmar ao longo do tempo, este poderia ser um sinal de alerta, tal como um sinalizador para intervenções mais delineadas.

Ainda que cada caso seja único, o esforço de apreender similaridades previsíveis me faz considerar que, inevitavelmente, a notícia de um diagnóstico de deficiência física exige mudanças no comportamento dos pais. A partir deste ponto, é preciso um rearranjo das expectativas, respostas e conhecimentos sobre o que é um bebê e como dele cuidar. Dessa forma, se espera (se prevê) um tempo necessário a essas mudanças em que algum nível de sofrimento se faça presente, possivelmente de caráter depressivo e não-observável. Saliento que há uma grande diferença entre esperar um reposicionamento dos pais frente à deficiência e associar a essa uma vivência crônica de sofrimento no modelo causa-efeito. A despatologização se faz urgente e por isso reitero: situações imprevisíveis despertam vivências ambíguas, que, se não superadas, se tornam uma crise. Assim, o foco passa da notícia da deficiência para a forma pela qual os pais resolvem a reorganização dela decorrente, sendo essa uma condição humana cuja ocorrência não pode ser culpabilizada ou enfrentada como um transtorno mental.

Tais mudanças, tanto internas, quanto externas, dependem da pessoa, mais especificamente de recursos pessoais, como sua flexibilidade cognitiva, estratégia de enfrentamento, capacidade de elaboração do luto, dentre outras que são do domínio da Psicologia Clínica (e não da Psicologia do Desenvolvimento).[2] No entanto, condições externas, independentes da pessoa dos pais, podem dificultar este momento e até mesmo aumentar o sofrimento, ou deflagrá-lo, se ainda não existente. Alguns exemplos gerais aplicáveis a qualquer situação conflitiva são ambientes desfavoráveis e falta de rede de apoio. Cheguei a citar como hipótese que as condições externas, como um contexto de vulnerabilidade e pouca segurança, podem gerar sofrimento aos pais tanto quanto a deficiência. Exemplos específicos para a experiência de um diagnóstico de deficiência física no bebê devem ainda ser explorados, mas a condição externa mais citada pelos estudiosos do tema é a severidade do quadro da deficiência. Acredita-se que, quanto maiores as dificuldades do bebê, maior o sofrimento dos pais. Nessa linha, proponho mais alguns exemplos.

---

2   Por este motivo, da mesma forma que mantenho aqui a discussão restrita aos eventos da parentalidade, deixo para meus colegas a tarefa de produzir conhecimento detalhado sobre os fenômenos individuais que afetam estes pais na condição de sujeitos, para além do papel que desempenham para seus bebês.

Condições externas que afetam o estado emocional do cuidador

Ao longo da pesquisa, três condições da parentalidade de bebês com deficiência física se mostraram mais sensíveis e mais propensas a trazer sofrimento a seus pais e cuidadores. São estas: momentos seguintes ao descobrimento da deficiência, falta de informação e dificuldades práticas.

Momentos seguintes ao descobrimento da deficiência

No início deste capítulo mencionei que o sofrimento persistente ao longo do tempo poderia ser um indício de que algo não vai bem, permitindo aos profissionais aumentarem sua atenção. Esta é uma situação óbvia que não passaria desapercebida, mas outras, pontuais, talvez vistas como situacionais ou passageiras, poderiam não ter a mesma urgência.

A passagem do tempo é um fator externo e inerente à existência, podendo parecer estranho propor que, cronologicamente e independentemente de outros fatores, os momentos seguintes ao descobrimento da deficiência fossem uma fonte de sofrimento. Contudo, é exatamente o que proponho. Como um semáforo, tal notícia funciona como um sinal amarelo, requerendo atenção. O sinal vermelho surge em seguida, exigindo uma pausa, um momento de organização antes do sinal verde que surgirá posteriormente.

Para introduzir essa questão, recorro a duas falas obtidas no meu estudo:

> *Eu estava sentada, então eu fui a primeira a ver. E foi um susto muito grande. Muito, muito, muito grande. [inquérito]*[3] *Como ele nasceu na sala de pré-parto, eu tava... Eu não tive apoio. Eu tive que sentar e foi na hora que ele saiu, que a médica foi pegar ele... que eu vi. Aí... Eu gritei com meu marido, que ele tinha nascido sem o bracinho. Achei que tinha perdido ele, porque ele não chorou... Nada. E aí tiraram ele e levaram ele correndo. Eu fiquei na*

---

3 [Inquérito] significa que pedi para que o entrevistado esclarecesse o que acabara de dizer.

sala pré-parto. Tava um pouco escuro, só o foco de luz em cima de mim. E eu já tinha passado nesse dia por um... Por duas moças que tinham acabado de perder bebê, então não tava aquele clima legal. Tava aquele... Tava... Assustador, né? Eu fiquei muito assustada, o médico... Tiveram que me segurar porque... Eu... Agredi um médico, por causa, por conta do susto, sabe? Aí levaram ele... E colocaram ele internado, colocaram na neonatal pra saber se ele num tinha nenhum mais alguma má formação, tudo... Eu passei quase um dia sem ver ele, porque eu estava muito nervosa, né? Eu fiquei praticamente um dia. Aí veio a notícia que ele veio sem o bracinho direito, tudo... Mas que ele estava perfeito. Não tinha... Tava tudo perfeitinho. Não tinha mais nada além do bracinho... Bracinho direito dele (nº 4).

A minha relação com minha filha é... bastante complexa porque... é... como eu fico o tempo todo com ela, então assim, é... amo muito, porém assim essas... é... essa doença... é... eu acabo tendo muito aprendizado a mais, né? É... porque é 100% ela é... é assim, eu acabo me anulando por isso, então... é... tem dias que eu realmente... perco um pouco a paciência e... e of... eu às vezes sou um pouco mais irritada com ela, e aí eu vejo que ela não, não devia passar por isso, no começo eu tinha uma frustração com isso, é... só que eu entendo que é um processo mesmo, e que... eu tento... é... tento... é... tento assim... na verdade é um conjunto, não é só com ela, como tem tudo em volta que tem dado essa pressão para mim, aí como ela fica o tempo todo comigo... ela sofre um pouco nessa minha... nesse meu nervosismo, e eu me sinto às vezes mal desse nervoso que eu tenho passando para ela, porque como eles absorvem tudo, né? Então eu acabo ficando um pouquinho mal com isso (nº 7).

Notam-se aqui dois momentos distintos, ainda que ambos deem notícia de um sofrimento mais elevado. No primeiro há uma vivência tempestuosa marcada por comportamentos como o grito e a agressão. Já no segundo, há uma letargia reflexiva em que se encontram o nervosismo, a frustração e a tristeza. Este último se aproxima mais do perfil de sofrimento que propus anteriormente, o que seria coerente, considerando o fato de os pais terem sido avaliados no máximo quatro meses após o esclarecimento do diagnóstico e não antes. Dado a forma como a pesquisa foi feita, a deficiência já havia sido detectada. Considerado o primeiro diagnóstico ou a primeira vez que algo diferente fora notado, não se passou mais de um ano e cinco meses, visto a idade dos bebês. Com isso, houve uma avaliação posterior ao diagnóstico e relatos retroativos sobre o momento imediato à descoberta da deficiência.

Duas condições foram avaliadas na pesquisa: a primeira vez em que algo diferente foi detectado no bebê e a primeira vez que um diagnóstico lhe foi atribuído. Este é um cuidado importante, pois são frequentes os casos em que se notam atrasos no desenvolvimento, por exemplo, a demora no controle do tronco, mas, só após uma bateria de exames, algum diagnóstico é propriamente dado. Recupero algumas falas sobre este período:

>A gente viu... que ele era bem quietinho... (nº 1).

>Ele não segurou o pescoço (nº 3).

>Ele nasceu com o pescocinho torto. Ele tinha pescocinho torto. Ele só virava pro lado esquerdo dele, por conta do bracinho, tudo (nº 4).

>Logo quando ele nasceu. Eu vi que o pezinho dele era torto e ele não, não abria a mãozinha (nº 6).

As diferenças observadas se referem a alterações anatômicas e funcionais que justamente causam estranheza por não corresponderem ao que se espera de um bebê típico. Já sobre o primeiro diagnóstico, as falas narram internações do bebê logo após o parto, complicações médicas, exames e tratamentos. Destaco alguns excertos:

>Praticamente, porque assim, foi... quatro meses que ele nasceu, então como ele fez a cirurgia no intestino, então não tinha como

sair do hospital, ele ficou internado, ficou na UTI, não tinha como sair de lá, mas... E assim que a gente saiu de lá: "procurar tratamento do pezinho, primeiramente", eles já falaram. Aí a gente procurou outros médico, né? Eles já falaram o que ele tinha, que era artrogripose. E aí a gente foi atrás, pra fazer o tratamento do pezinho. E lá, depois, falaram que a gente tinha que ir pra um lugar de reabilitação (nº 2).

Tem um mês, foi quando ele veio pra cá, porque até entrar lá na onde ele estava, na [menção ao nome de um bairro], ninguém tinha me falado nada, o que ele tinha, o que ele poderia ter. Ninguém me falou em momento nenhum, foi falado que... [inquérito] Tava com nove. Ele fazia acompanhamento desde os três meses, mas era como se fosse uma estimulação pra... pro futuro e não por ter um problema (nº 5).

Havendo variações nos momentos em que foi visto algo diferente e que foi dado o primeiro diagnóstico, há uma oportunidade de se comparar os níveis de sofrimento no momento presente, quando realizada a pesquisa, e os resultados confirmam que o período mais próximo ao diagnóstico é mais sensível. Os pais que detectaram mais cedo algo atípico no bebê apresentaram menos sintomas de depressão em comparação aos que detectaram mais tardiamente. O mesmo ocorreu com a primeira indicação diagnóstica. Chama a atenção que os níveis de ansiedade se mantiveram constantes independentemente do momento. Isto quer dizer que os pais que passaram mais tempo com seus bebês após a detecção da deficiência sofriam menos e para aqueles que a notícia era ainda recente o sofrimento era maior.

Ainda que esta não seja uma novidade para os estudos das doenças crônicas da infância, posso enumerar os poucos estudos atuais que têm apresentado dados que evidenciem a ocorrência deste fenômeno em bebês com deficiência física (Krstić et al., 2015; Kumar, Lakhiar & Lakhair, 2016; Guillamón et al., 2013; Pereira & Kohlsdorf, 2014) e menos numerosos ainda os que propõe alguma explicação. Dolto (1984/2015) escreve sobre a poliomielite:

> *A enfermidade pode não afetar sua imagem do corpo: para tanto é necessário que,* até a ocasião da moléstia ao longo desta e mais tarde, durante a convalescença e a reeducação, *a relação com a mãe e o ambiente humano tenha permanecido flexível e satisfatória, sem muita angústia por parte dos pais* (p. 11, grifos meus).

De maneira semelhante, Ajuriaguerra (1983) sugere que famílias cujo filho apresenta uma doença crônica passariam por três fases: "um período de choque inicial, um período de luta contra a doença e, finalmente um período de reorganização e aceitação" (p. 833). Ainda que estabelecidos como fases, o autor considera que existam variações quanto à intensidade e ao tempo para que uma fase transcorra para outra, independentemente da gravidade da doença. Ora, ambos autores, renomados no campo da infância, descrevem três tempos: um Tempo 1, seguinte ao descobrimento da deficiência do bebê, quando se espera um choque inicial; um Tempo 2, de convalescência e luta contra a doença e; um Tempo 3 de reorganização, reeducação e aceitação. Os termos utilizados chamam a atenção e gostaria de me deter um pouco neles.

A ideia de "choque inicial" parece refletir as falas apresentadas. Mesmo que os relatos retroativos percam muito do afeto do momento, dão notícia que se trata de um período mais visceral e até carregado de ansiedade para alguns. O termo convalescência vai diretamente ao encontro do perfil depressivo-introspectivo proposto. Diferente da ebulição do choque inicial parece um momento de luta em que a energia é canalizada para vencer batalhas e superar obstáculos. Por fim, parece ser apenas no terceiro momento que se desponta um desfecho: a reorganização e reeducação (o uso repetido de palavras com o prefixo "re" não pode ser ignorado), com uma redução do sofrimento. Deste modo, é possível dividir a situação crítica imprevisível do momento posterior à descoberta da deficiência em três situações. Cada uma delas com demandas que despertam ambiguidade e que exigem uma mudança nos comportamentos e valores. Da mesma forma, cada uma delas pode também se tornar uma crise a depender da reação dos pais.

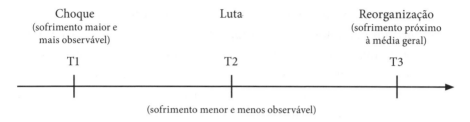

Figura 1.1 Três momentos após a descoberta da deficiência do bebê.

Este modelo é de grande valia, pois define etapas específicas que descrevem reações psicológicas distintas. Entretanto, a perspectiva de fases vivenciadas por estes cuidadores deve ser utilizada de maneira dinâmica: a única suposição é a de que três momentos ocorrem, mas não se sabe quando terá início o primeiro e muito menos quando ocorreu a passagem exata de uma fase para a outra, pois se trata de algo gradual. Imagine uma mãe que ignora as diferenças motoras de seu bebê, seja por realmente não perceber ou por ter que negá-las para evitar um sofrimento disruptivo. Neste caso, o Choque (T1) ocorreria mais tardiamente do que espera. Um pai pode dispor de condições tais que o período entre o Choque (T1) e a Luta (T2) seja extremamente curto e mal se note a passagem de um para outro. Por fim, entre Choque (T1) e Reorganização (T3), a expressão de sofrimento pode ser sutil a ponto do período de Luta (T2) não ser claramente identificável. Só para citar alguns exemplos que extrapolem um modelo estanque convencional e organizado logicamente.

Insisto: a noção de fases só é útil se utilizada *apenas* para entender quais fenômenos psicológicos compõem a experiência de cuidar de um bebê com deficiência após sua detecção, o que não deve ser menosprezado. O profissional, munido dessa ferramenta teórica, poderia fornecer intervenções apropriadas a cada momento: no T1 acolhimento, no T2 tratamento e no T3 informação, apenas para rascunhar *grosso modo* um plano hipotético. Se a noção de fases se encontra ainda em elaboração e validação, o desenvolvimento e o teste de tratamentos voltados a cada uma destas aguardam no fim do horizonte.

Frente ao exposto, resta ainda um sentimento de dúvida: o que torna T1 tão intempestivo, mas, ainda assim, passageiro? O que realmente acontece entre T2 e T3 ou, o que permite avançar do segundo para o terceiro? Vou fazer algumas considerações que, mesmo não sendo respostas, ajudarão a fomentá-las.

A passagem por três momentos distintos pode ser intuída nos trabalhos desenvolvidos por Vitor Franco (2015, 2016) com o atendimento e pesquisa com estas famílias em Évora, Portugal. O autor defende que a notícia da deficiência suscita novas demandas e descobertas, sendo necessários três processos: adaptação, elaboração e reorganização. Por um lado, há o componente subjetivo (interno), e, por outro, o aspecto prático (externo), mas que acabam se afetando mutuamente.

1. O componente subjetivo repousa no fato de que a vivência da parentalidade não se inicia no nascimento, tampouco na gestação, pois existem expectativas que dão forma a desejos muito íntimos, produto de uma trajetória de vida singular. Não é incomum ouvir pessoas divagando sobre como imaginam um filho seu. Mesmo aqueles que assumem uma posição contrária à natalidade, nem que seja por um breve momento, atribuem nomes a este filho hipotético, fantasiam sua aparência, qualidades, defeitos e até uma carreira. "Será alto como o pai, mas preguiçoso para as atividades físicas como a mãe". Enfim, quando um bebê nasce, seu berço já estará pronto. Berço simbólico, refiro-me aqui, no qual o bebê real irá repousar. É evidente que este berço será grande demais, enfeitado demais ou mesmo apertado, pouco iluminado etc., a quantidade de arranjos possíveis é incalculável. O fato é que o bebê imaginado *nunca* corresponde ao bebê real, pelo simples fato que ele, assim como seus pais, é um ser único e com uma história própria que começa a ser contada ali.

Até o momento não me referi à deficiência, pois o embate entre bebê imaginado e bebê real é um componente humano esperado e necessário,[4] mas, dito isso, já passo para este caso. A deficiência, de maneira geral, impacta principalmente aquilo que se imagina que o bebê pode fazer e, com isso, poderá realizar. Uma família inclinada para a música poderá ficar particularmente frustrada com um bebê surdo, pois isso impactará nas expectativas de curto, médio e longo-prazo. Assim, é preciso perceber a incompatibilidade entre bebê imaginado e real, compreender que algumas funções não serão possíveis, desconstruir as idealizações existentes até então e construir novas idealizações ajustadas às limitações impostas pela deficiência.

---

4   Abordo a necessidade do conflito entre bebê real e imaginado no próximo capítulo.

Assumir a inexorabilidade da deficiência parece o golpe mais duro. Como disse, fantasias sobre um bebê hipotético existem ao longo de toda uma vida. Quando este nasce com todo seu potencial de desenvolvimento, a esperança de ver as expectativas concretizadas pode se manter. Mesmo que o filho cresça e demonstre inclinações opostas, tudo ainda parece possível. Não é inviável imaginar que uma família totalmente voltada às tecnologias possa ainda esperar que seu filho, que nem ao menos gosta de usar o computador, um dia mude de ideia. Ora, este é o drama familiar comum. Porém, o bebê surdo não ouvirá as notas musicais *da mesma forma* que os pais e nada poderá mudar isso. *Com a curta frase de uma notícia de diagnóstico, a chance de uma vida se perdeu.* Faço questão de pesar a tinta no teor trágico da frase, pois, do ponto de vista psicológico, não se pode esperar racionalidade e sentimentos apoiados inteiramente na realidade concreta. Não se trata de apontar de maneira lógica que existem tratamentos, alternativas e, no limite extremo, outro filho representaria uma nova tentativa de alcançar o bebê imaginado. Primeiramente, esta não é uma questão do campo da cognição. Segundo, nesta perspectiva descritiva, mesmo as intervenções poderiam apenas *recuperar* a função ou lhe promover alternativas (o caso da cadeira de rodas para quem não anda), sendo impossível fazer com que a "pessoa com deficiência" mude sua condição apenas para "pessoa". Ainda que na vida cotidiana se busque equiparar estas pessoas aos demais, descritivamente, a deficiência é uma marca difícil de apagar.[5] Por este motivo, o termo utilizado é inclusão: só é possível incluir alguém que é, definitivamente, considerado como não pertencente àquele grupo.

Retomando, no caso da deficiência física, há uma particularidade agravante que é o aspecto visual. Quando o componente físico é afetado, pode deformar a anatomia e os padrões de movimento de maneira intensa. A artrogripose múltipla congênita, por exemplo, muda a disposição das articulações e aumenta sua rigidez, podendo deixar braços e pernas menores e atipicamente flexionados. Há casos famosos desta condição como Claudio Viera, autor do livro *O mundo está ao contrário: A vida de um homem que nasceu com a cabeça para trás*, que,

---

[5] Pela coerência do raciocino, ao invés de "difícil", o termo mais apropriado seria "impossível", mas, como dito e largamente discutido nas pesquisas sobre o tema, a negação existe e pode ser bastante imperativa, ainda que seja apenas uma tentativa e venha a falhar em determinados momentos.

como o título sugere, tem alterações inclusive na posição da cabeça em relação ao corpo. Estas diferenças visuais, por si só, podem aumentar o impacto da discordância entre bebê imaginado e real para além do que se espera.

As pistas visuais são um aspecto chave da parentalidade. Ao nascer, os pais se deparam com uma pessoa em desenvolvimento, coberto de sangue e líquido amniótico, mas desde então reconhecem o nariz da família da mãe ou o pé grande do pai. Isto é fundamental para que aquele novo ser seja reconhecido como humano e pertencente àquela família. Não se trata de uma ação compulsória, é preciso um processo interno ativo de adoção pautado nos traços físicos. Ora, a deficiência impacta exatamente este processo e defendo que os quadros mais severos não necessariamente causam maior choque. A ausência de um dos dedos do pé pode ser vista com a maior das afrontas para uma mãe que zela pela perfeição e que dedicou todos os seus recursos para ter uma gestação ideal, por exemplo.

Deste modo, a incompatibilidade entre o bebê real e o bebê imaginado agravada por padrões estéticos e de movimento atípicos, somada à necessidade de renunciar a antigas expectativas, ajuda a compreender a impetuosidade do Choque Inicial. Contudo, da mesma forma que o aspecto visual é um dos problemas no momento da detecção da deficiência, é justamente ele que permite a passagem para a fase de Luta (T2). Os estudos da psicanalista Ethel Battikha (2008; Battikha et al., 2007) com bebês com malformação congênita evidenciam que, após a turbulência inicial, os pais encontram traços familiares no bebê:

> *as mães relatam o horror por não poder dar representação a seu bebê em função da perda do reconhecimento pela similaridade. No entanto, as projeções feitas modificam-se a partir do momento em que as mães veem seus filhos, demonstrando alívio no encontro com um bebê reconhecido como portador de traços iguais aos dos pais (2007, p. 21).*

Parece-me interessante que a mudança se dê quando as mães podem *ver* seus filhos. Isto é dito, pois a autora entrevistou mães que tiveram conhecimento da notícia do diagnóstico na gestação, então, no momento do nascimento, houve alívio. O que me chama a atenção é que, neste caso em que a deficiência é conhecida, mas ainda não vista, há um choque inicial da mesma forma que sugeri quando a deficiência é descoberta após o nascimento. Como dito, o deslocamento entre as fases não está atrelado a demarcações cronológicas, como o nascimento ou seis meses depois da descoberta da deficiência, sugerido por alguns autores (Barnett et al., 2003), tampouco independe da realidade concreta da deficiência, pois apenas sua menção, sem o componente visual, pode despertar o choque. Talvez o ponto crítico não seja a fisionomia das deformidades, mas o simples fato de *serem* deformidades. Esta comparação também é pertinente na medida em que pais que descobrem a deficiência após o parto e vivem este momento conturbado inicial também precisam ver o filho e reconhecer nele seus traços. Considero que a passagem do choque para a luta se dê quando os pais se recuperam do impacto que os colocou neste estado de turbulência e podem olhar para seu bebê sem o filtro do choque inicial.

2. O componente prático presente na proposta de Franco parece corresponder às novas demandas da fase de luta. Para o autor, não apenas um processo de elaboração interna é suficiente para que seus pais alcancem uma reorganização efetiva após a notícia de um diagnóstico. Apresento alguns relatos do meu estudo:

> *Logo que a gente saiu do, do, hospital... e aí já fui, lá mesmo no hospital me encaminharam pra fazer ultrassom dela de quadril, de bacia, pra ver se a malformação dela era só na perna. Então foram algumas semanas seguintes, só passou um período assim que foi, foi, uma cesariana que eu fiz, mas logo em seguida já comecei agendamento pra ela e já fiz tudo... foi muito rápido. Dentro de um mês ela já tinha passado no pediatra, no primeiro ortopedista, já tava tudo encaminhando (nº 8).*

> *Assim que ela saiu do hospital, já... comecei a fazer fisioterapia com ela lá no posto onde me encaminharam, entendeu? Aí já começou a fazer a fisioterapia assim que ela saiu do hospital. Três mês que ela ficou internada, quando ela saiu, aí já na semana seguinte já tava fazendo já tratamento (nº 10).*

Esses bebês requerem avaliações, tratamentos contínuos, cuidados específicos, equipamentos e adaptações na casa. Toda uma nova rotina se inicia e deve ser apreendida e integrada ao cotidiano destas famílias. O aspecto médico também deve ser compreendido para que os pais possam dialogar com os diferentes profissionais. A atenção necessária ao bebê é ainda maior do que a de um bebê típico, o que muitas vezes implica em rearranjos profissionais na família, de modo que um dos genitores deixa de trabalhar para cuidar do bebê. Por sua vez, a renda base diminui e se torna ainda menor dada as exigências da rotina (Andrade et al., 2011; Baird et al., 2000; Cipriano & Queiroz, 2008; Kisler, 2014; Kisler & McConachie, 2010; Simões et al., 2013).

Adaptar-se a essas demandas é um processo árduo. Não é por acaso que existam tantos estudos mostrando como a qualidade de vida desses pais pode ser mais comprometida em relação a pais de bebês sem deficiência, assim como há chance maior de estresse e sobrecarga. Da mesma forma, parecem coerentes os sintomas que se destacaram na pesquisa, como incapacidade de relaxar, medo de perder o controle, agitação e irritabilidade. Estas características parecem muito próprias ao período de luta, quando é preciso assumir novas responsabilidades e ter novas preocupações.

Em uma situação ideal, quando estes hábitos se naturalizam e se tornam parte do cotidiano da família, a preocupação dos pais pode voltar àquela de ser apenas *pais*, a terceira fase, de reeducação. Contudo, ainda que o período de choque se estenda, da mesma forma será preciso passar pelas novas demandas. O bebê requer tratamento e está crescendo. Todo cuidado pode resultar em grandes melhorias no quadro e a estagnação pode colocar em risco seu futuro. Aqui se torna clara a incidência da cronologia como um componente externo que pode dificultar o estado emocional do cuidador: o tempo avança independentemente de como os pais se arranjam entre as fases. Na melhor das hipóteses, conseguem lidar com as demandas, mas nem sempre este será o caso. Destaco a diferença entre lidar com as demandas, isto é, ter capacidade de compreendê-las e atendê-las com algum grau de segurança, e passar por estas de maneira conturbada, que seria um indicativo da necessidade de apoio do profissional. Mais uma vez, a ambiguidade convoca o reposicionamento e a impossibilidade de modificar o comportamento se caracteriza como uma crise.

A reeducação, terceira fase, se coloca assim como uma preparação para retomar a parentalidade interrompida no momento da notícia do diagnóstico. O choque inicial foi superado e a luta fortaleceu os combatentes, faltando apenas ter a clareza quanto ao que realmente este bebê pode e poderá fazer. Assim, das idealizações abandonadas nas fases anteriores podem surgir novas. Ainda que não seja possível definir em que fase cada participante da pesquisa se encontrava, alguns relatos sobre mudanças observadas no próprio comportamento chamam a atenção:

> *Eu... Eu não tirava foto dele no começo, não deixava ninguém tirar foto, muito menos eu tirava. Não postava em rede soc... Se tirava, ficava no meu celular, não postava em redes sociais, nada. Ninguém via meu filho. Ninguém, eu não deixava. Por medo das pessoas criticarem, falar, sabe? Ou fazer qualquer tipo de pergunta, eu não estava pronta pra responder nada. As vez... Ainda não tô. Então... Hoje não. Não vou dizer que eu... 100%. Às vezes eu... Tenho... Que nem: Eu achei que eu tava preparada pra resp... Sabe, qualquer crítica, qualquer preconceito. E não... Eu saí um dia com ele na rua... E uma mulher... Falou... Passou do meu lado e falou: "Nossa, que bebê feio sem braço". Isso me doeu muito. E eu achei que... Eu tava com a cabeça boa... Preparada pra ouvir esses tipo de coisa das pessoas e eu não... Eu não sabia o que fazer na rua, eu comecei a chorar, ficar nervosa... As pessoas que tavam na rua me ajudaram e eu fiquei assim, sabe? (nº 4).*

> *Mas... Hoje eu tô entendendo um pouco melhor e... E aí eu vejo que ela mesmo tá se acalmando e vejo progresso, que agora aqui vai se desenrolando, os tratamentos aqui vão ajudando, então... Tudo tá se encaminhando, eu só preciso realmente desse controle... Desse tempo, né? [Inquérito] É... É que na verdade eu não sinto que é complexo com ela. Eu acho que é mais com as pessoas em volta de mim, as relações com o pai, com os meus pais, com a família do... dos pais dela é mais nessa... Nesse entorno que eu sinto todas essas pressões, e aí é... Eu, ela em si é mais aquela...*

> *Aquela coisa de eu segurar para eu não passar para ela, e esse é mais o meu medo de ficar assim, né? Mas tem... Tem melhorado bastante (nº 7).*

Nota-se que o sofrimento ainda existe, mas difere dos momentos anteriores: o bebê em si parece não despertar mais tanto conflito como no início e as falas sugerem que os pais conseguem lidar melhor com a deficiência, esperam que os demais também o façam e temem que isso não ocorra. A fala a respeito de precisar de tempo e controle é emblemática e traz essa ideia de que a terceira fase se caracteriza por uma clareza maior e alguma confiança em relação ao que fazer com o bebê e o que esperar dele. A melhora no quadro do bebê parece ter um efeito importante também. Comumente se diria que pais de bebês com condições menos graves sofrem menos, mas me parece que se trata aqui mais da sensação de que algo é conhecido e controlado do que de uma melhora concreta.

A deficiência deixa de ser um problema agudo, hiperinvestido e dramático e é bonito ver como preocupações do âmbito cuidador-bebê aparecem mais na fala destes pais. Apresento abaixo a fala de dois participantes da pesquisa, os quais compuseram um novo estudo[6] realizado seis meses após o primeiro e aplicando a mesma avaliação:

> *Hoje nossa relação está muito melhor, mais madura. É... A gente consegue... interagir de uma maneira mais... mais... pai e filho (nº 1).*

> *Tá como antes, né? Só que agora a gente brinca muito mais do que antes... né? Agora ele interage mais, né? Ele pede mais as coisas, não, não que ele fale, mas eu sei o que ele quer, eu sei o que ele gosta de assistir, eu sei que ele gosta de brincar no chão, eu sei quais são os brinquedos que ele gosta, então a interação tá sendo maior pra gente (nº 2).*

---

[6] O número das díades se manteve do primeiro para o segundo estudo, de modo que os números 1 e 2 se referem aos mesmos 1 e 2 anteriormente apresentados.

Ambos pais tiveram uma redução da ansiedade e da depressão na segunda avaliação em comparação com a primeira. As falas que antes traziam sofrimento e preocupações com o futuro deram lugar a descrições de interações cotidianas, banais. Menções ao tratamento também não se fizeram mais tão presentes, seja por já não ocuparem tanto a rotina, seja por não serem mais um tema urgente e em pauta. Se este é o desfecho dos eventos que sucedem a notícia do diagnóstico, considero que a turbulência deste período não afetou a capacidade dos pais de lidarem com a ambiguidade e a vida seguiu seu curso. Entretanto, em caso contrário, se a deficiência ainda desperta conflitos agudos e a relação cuidador-bebê não pôde ser retomada, o fator temporal favoreceu a instalação de uma crise.

Uma avaliação da ansiedade e da depressão que reconhece esses três momentos distintos tem vantagens. Desta forma é possível identificar estados psicológicos e demandas próprias de cada etapa, mesmo que sua detecção não seja simples. Como dito, o avanço das pesquisas poderá verificar tais proposições e será possível ter intervenções cada vez mais eficazes.

Falta de informação

Bebês não possuem um manual de instrução e não há algo como um instinto materno inato que é ativado quando se está segurando um. De modo geral, mesmo nessa sociedade em que a informação está disponível de maneira prática e rápida, a cada bebê que nasce faltam informações. Por "falta de informação" quero dizer que os pais não sabem o que o choro do bebê representa, quando devem balançar mais ou balançar menos, quando devem brincar com ele de bola ou com o ursinho. Isto, pois, como já apontado, este é um ser único com uma história que se escreve a cada dia. Pode ser que o ursinho ganhe mais interesse que a bola, que prefira os balanços mais vagarosos e seu choro de fome seja um grito bastante característico. O fato é que não há como traduzir o que o bebê quer dizer ou antecipar como deve ser cuidado. Nesse momento, muitos podem balançar a cabeça em sinal negativo, afirmando a si próprios que entendem muito bem as expressões de seu filho, pois sabem como cuidar *de uma* criança. O grifo aqui é proposital, pois cuidar de uma criança não é o mesmo que cuidar *da* criança em questão que carrega nos braços. Explico.

Ainda que não seja possível prever, não é como se os pais ficassem completamente desorientados. Do contrário, eles sabem mais ou menos como segurar, dar a mamadeira, trocar a fralda. Sabem que um bebê tem fome e cólica e deve haver um choro específico para cada uma dessas situações. Isso acontece devido às pessoas saberem como cuidar *de um* bebê, tendo conhecimento das características e dos cuidados genéricos. Algumas vezes podem não saber que sabem, mas repetem o que viram um parente fazer ou que viram em um filme. E, se ainda assim existir aqueles que defendam que não sabem, haverá uma avó ou mesmo uma vizinha zelosa que lhe transmitirá a experiência que tivera com seus próprios filhos. De cada fragmento, vivência e pedaço de informação se constitui certo conhecimento. Este é ajustado a cada dia, por tentativa e erro, até que a informação genérica se torne um saber genuíno sobre o bebê, afinado aos seus tempos, gostos e manias, ao que os pais podem, erroneamente, enunciar como saber cuidar *de* criança e que não tem o menor problema, visto que os ajustes acontecem e a família segue seu caminho.

Não há como negar que este saber genérico compartilhado sobre o bebê e transmitido ao longo das gerações é de vital importância, inclusive, para a sobrevivência do pequeno ser. Como seria se os pais não soubessem minimamente como segurar o bebê, como alimentá-lo para que não engasgue ou como reconhecer o que está precisando? Em maior ou menor grau, seria algo semelhante ao que ocorre com os pais de bebês com deficiência física.

A falta de informações sobre bebês com deficiência física pode ser uma condição externa que afeta o estado emocional do cuidador na medida em que o deixa vulnerável e sem recursos para se organizar – contexto potencial para o desenvolvimento de uma crise. Principalmente na primeira fase (choque), se verá que a informação é um recurso organizador e fundamental para que os pais retomem seu lugar na parentalidade.

Comecei apontando que a falta de informação se dá para todos, então qual a especificidade da deficiência física? Se muitos se candidatariam para dar sua opinião sobre qual o melhor método para cuidar de um bebê típico, a respeito daquele que tem uma deficiência, esse número seria bastante reduzido. As experiências com esta condição ocorrem apenas com uma parcela da população,[7] não há tantos produtos culturais como filmes e livros que retratem esta

---

7   Ver dados acerca da incidência na Introdução.

realidade e o que existe acaba por não ser transmitido da mesma forma que as informações sobre o bebê sem deficiência. Há também o fato dos quadros serem diversos: ainda que se observem dois bebês com a mesma condição, advinda da mesma etiologia, o quadro final seria diferente, pois a deficiência é o produto da interação entre os componentes orgânico, relacional (ambiental) e pessoal. Assim, não se organiza um saber genérico sobre o bebê com deficiência física, este é o campo da exceção e não da regra.

Mencionei anteriormente que solidão, irritação quando as situações fogem do controle, vulnerabilidade e desconhecimento são condições observadas nestes pais. Nesta linha, a pesquisa de Yoo (2016) com pais de crianças com paralisia cerebral encontrou que quanto menor o conhecimento sobre a deficiência do filho, mais intensos eram seus sintomas de depressão. De maneira semelhante, em meu estudo encontrei "medo de perder o controle" e "assustado(a)" e uma fala literal sobre a necessidade de ter controle. Propus que essa necessidade de controle estaria relacionada ao quadro do bebê e, dada a ressonância com outros estudos, acrescento que isto ocorre justamente por não se saber o que esperar deste e que a falta de informação pode levar a uma crise.

Apresento a seguir a fala de duas mães da pesquisa que demonstram situações antagônicas sobre a presença de informação no momento em que foi detectada a deficiência:

> *Acho que logo na primeira semana mesmo já foram falando assim... É que eles não teriam como dar todas as certezas... por ser muito pequena, mas, é... já estavam... dizendo que poderia ter algum... dano, mas eles não, não, detalhavam nada porque tinha exames pra fazer e médico específico pra encaminhar. Então por isso que eles num aprofundavam nada, mas eles já avisavam a gente que ia ter alguma coisa... Não tinha um nome... É porque foi muito confuso, né? A gente foi passando de médico pra médico e eles só falam que: ah, teve a lesão sim, mas não, não cons... Até hoje não está fechado o diagnóstico dela, do que exatamente ela tem. Mas é... eles vão tentando encaixar ela em alguns quadros, né? Então até hoje não está fechado (nº 7).*

> *No mesmo momento, no mesmo momento, ele... ele já era meu ginecologista, então ele já tinha um... uma liberdade assim maior em conversar e quando ele viu ele falou: "não, fica tranquila, é uma malformação, eu conheço amigos ortopedistas que já trataram de casos assim". E no mesmo momento, lá mesmo na sala, ele tava fazendo a minha cesárea, ele falou: "eu conheço tratamento pra isso, eu vou te indicar um bom médico", já pra tranquilizar. Então eu, eu achei legal isso, porque eu não saí de lá sem saber o que tava acontecendo, ele me falou, no mesmo momento ele me contou. Já me deu uma... uma direção... Ali no momento ele foi um amor. Ele mesmo falou, ele chegou no meu marido e falou: "não, fica tranquilo, eu conheço, hoje em dia tem alongamento, hoje em dia dá pra andar normalmente" (nº 8).*

Devido a condições próprias da origem da deficiência, a primeira mãe não recebeu qualquer informação objetiva sobre o quadro. O bebê teve *um dano* que faria com que tivesse *alguma coisa*. Essa é uma situação complicada, pois é sabido que há algo de errado com o bebê, mas cujas consequências não podem ser descritas, assim como não é possível estipular o que virá no futuro. Já a segunda mãe recebeu uma orientação clara sobre a deficiência da filha logo no parto, chegando a enunciar como isso foi tranquilizante. Ao analisar seus níveis de sofrimento, a primeira apresentou ansiedade e depressão moderada e a segunda, ansiedade e depressão mínima. A diferença fica clara, principalmente considerando que a primeira mãe (nº 7) foi a mesma que mencionou a necessidade de controle.

A situação deve ser analisada com cautela, pois a falta de informação nesses momentos iniciais deriva de diferentes fontes. A primeira, já mencionada, é a especificidade do quadro do bebê. Há etiologias cuja deficiência é claramente expressa, inclusive antes da gestação, como as malformações congênitas. Estas são anomalias cujo local afetado pode levar a pequenas assimetrias ou mesmo deformidades com comprometimentos estéticos e funcionais (Santos & Dias, 2005). Por sua vez, quadros de paralisia cerebral, por exemplo, impactam o desenvolvimento do sistema nervoso levando a prejuízos na aquisição das habilidades motoras, o que vai se tornando evidente principalmente até os três anos (Rosenbaum et al., 2007). Uma vez que o prejuízo se dá na aquisição, as dificuldades não serão evidentes como no caso anterior: será preciso esperar que o atraso seja maior que o desenvolvimento a ponto de se tornar expresso no comportamento, como se nota nas seguintes falas:

> *Eu fazia uma analogia com outras crianças da mesma idade. Eu via... que não tinha... É... Uma... O... Ele não fazia as mesmas coisas que as crianças da idade dele (nº 1).*

> *Primeira vez que a gente teve que ir ao médico pra ver alguma coisa diferente, foi porque ele não segurou o pescoço, mas isso foi com três meses. Que é o marco, né? Que tem pra segurar o pescoço é com três meses... (nº 3).*

Uma vez que algo incomum é manifesto, os pais podem começar a se preocupar e então procurar por avaliações profissionais. Nessa situação não pode ser atribuído ao profissional a falta de informação dos pais – ainda que se note muitos que encaminhem o bebê para programas de estimulação precoce quando há intercorrências no parto em caráter de prevenção de prejuízos futuros. Por sua vez, há casos em que a deficiência é relativamente conhecida e a falta de informação se dá pela postura do profissional.

Não é de se espantar que haja uma área de pesquisa voltada ao desenvolvimento de boas práticas de comunicação de diagnósticos. No caso da deficiência física, os estudos mostram que as dificuldades emocionais vivenciadas pelos pais também se fazem presentes nos profissionais que tem receio em falar sobre o assunto (Andrade et al., 2011; Kisler, 2014; Santos et al., 2011). Uma pesquisa realizada por Baird e colaboradores (2000) com pais de crianças com paralisia cerebral encontrou que a maioria dizia estar satisfeita com a estrutura e o manejo da revelação do diagnóstico, mas insatisfeita com a quantidade de informação dada. Já em outro estudo, conduzido por Gronita (2008), mais da metade dos pais apresentou queixas quanto à condução rápida e impessoal, com pouco espaço para que os pais fizessem perguntas e/ou expressassem o sofrimento que sentiam. Para o autor,

> *se os primeiros momentos são cruciais para o estabelecimento da relação harmoniosa e equilibrada da tríade mãe-pai-filho, sendo-lhe inerente o início do processo de aceitação da deficiência da criança, torna-se necessário esclarecer quais as condições, os momentos e a comunicação que favorecem aquele processo (p. 183).*

Se a notícia do diagnóstico pode não ser acompanhada de uma informação genérica inicial, suas fontes cotidianas também são escassas. Destaco uma fala do estudo que associo a dificuldades pela falta de conhecimento sobre o bebê:

> *No começo eu tinha muito medo de tocar nele, sabe? Das pessoas chegarem, pegar (nº 4).*

A seguir, apresento outras duas, retiradas de estudos publicados:

> *Na primeira vez que vi minha filha, fiquei muito assustada; a cabecinha dela era enorme, hoje eu até peço perdão a DEUS, mas eu cheguei a ficar com medo dela... (Sic E8) (Santos et al., 2011, p. 494).*

> *Essa semana mesmo eu estava com ele e senti isso aqui dele estralar, aí eu fiquei com medo. Hoje, eu tenho idade, mas tem hora que eu pego ele e fico com medo porque ele é muito mole, mole mesmo. Aí a gente pensa que machuca (sic Mãe 5) (Silva et al., 2010, p. 209-10).*

Chama a atenção como o medo é presente no relato destes pais, principalmente no período após o diagnóstico. Seria possível indicar nestes relatos que a deficiência do bebê em si estaria despertando terror, mas vou enfatizar aqui o medo como receio de machucá-lo por não saber exatamente suas características físicas. É mais difícil segurar um bebê quando não se sabe sobre suas resistências, fraquezas, pontos de dor ou partes sensíveis. Como calcular se o colo deve ser mais ou menos apertado ou qual posição é mais favorável? A resposta simples é: testando. Isso funciona bem para um bebê no qual se tem informações sobre sua constituição física, mas, neste caso, não se sabe se o teste causará dor, se danificará alguma estrutura ou se irá contribuir com alguma deformidade. Mais uma vez, não importa muito a condição real, mas as preocupações que se colocam entre o cuidador e o bebê pela falta de informações.

Assim, a desconstrução ocorrida após a notícia da deficiência não incide apenas sobre as expectativas, idealizações e projetos futuros. Há também uma perda de referências sobre o que é um bebê, suas capacidades, limites e necessidades, que impacta as interações. Se o saber comum sobre o bebê é insuficiente e as interações receosas com este também não fornecem a orientação necessária, a próxima fonte a ser consultada é o profissional. Figura marcadamente presente, os profissionais podem fornecer informações precisas sobre o cuidado com o bebê com deficiência física.

A lista de profissionais que acompanham uma pessoa com deficiência no início da vida é extensa e dentre as principais especialidades se encontram médicos, fisiatras, ortopedistas, fisioterapeutas e terapeutas ocupacionais. Psicólogos vêm ganhando um espaço maior, mas é nítido que o círculo das ciências biológicas acaba por ser mais valorizado (seja pelas instituições de tratamento, seja pelos pais). Uma vez que estes estão sempre lá, disponíveis, podem esclarecer dúvidas cotidianas, como "qual a melhor forma de dar banho?" e "como posso trocar a fralda sem machucá-lo?". Ora, o profissional é um *expert* da deficiência do filho, sua orientação deve ser seguida à risca para que o bebê melhore. E assim muitos pais o fazem, incorporando não apenas práticas, mas também termos técnicos ao seu vocabulário. Cito alguns exemplos:

> *A gente viu uma... assimetria no crânio... É... Sei lá, acho que... Foi no nascimento... nos três primeiros meses... Na primeira vez que nós fomos no fisiatra. Ele deu um CID de PC. CID 80.9, paralisia cerebral não especificada (nº 1).*

> *Eu já vi casos assim bem mais complexos, com a mesma malformação, mas muitos que não têm o fêmur, ela tem fêmur, ela só tem ele mais curto... (nº 8).*

Afirmei que o profissional é um *expert da deficiência* do bebê, mas, acrescento, não daquele bebê em específico. Assim, pode estar aqui o correlato do dilema entre informação genérica e saber genuíno para pais de bebês com deficiência física. Este saber advindo do profissional permite a segurança que faltava para explorar, por tentativa e erro, os tempos, gostos e manias de seu bebê.

A relação entre estes pais e os profissionais que os rodeiam é bastante explorada pelos pesquisadores da área (por exemplo, Barbosa et al., 2012; Silva et al., 2010). É sabido que um forte laço pode ser estabelecido com o profissional, tendo este, inclusive, uma influência na resolução dos problemas da família. Dentre vários motivos, isto ocorre pela posição privilegiada que o profissional ocupa, sendo visto como aquele que pode trazer a cura, tanto no sentido de reverter a deficiência da criança, quanto curar o sofrimento da perda do filho idealizado. Contudo, é preciso atenção para quando a informação genérica não avança para um saber genuíno sobre o filho, ocupando totalmente seu espaço. Deste modo, a parentalidade deixa de ser algo cotidiano e afetivo para se tornar um conjunto de manobras técnicas fundamentadas em teorias científicas sob a justificativa de que há *um jeito de certo* de educar (Bernardino, 2007; Levin, 2001; Mariotto & Schaedler, 2013).

> *Não é raro observar que quando a mãe fica sabendo que seu filho tem problemas de uma certa gravidade, acaba sentindo que não sabe o que tem que fazer para criá-lo, interrompendo deste modo a conexão com seu próprio saber inconsciente. Passando a ser guiada pelas orientações diagnósticas... a mãe deixa de fazer operar em seu discurso a transmissão do desejo, os laços de filiação, posto que hesita em deixar-se guiar por seu próprio saber (Mariotto & Schaedler, 2013, pp. 83-84).*

Citando novamente os estudos de Battikha (2008), a autora encontrou um fenômeno curioso: ao pedir que mães de bebês com malformação congênita falassem livremente sobre seus filhos, a maioria começou sua resposta pelo diagnóstico. De todas as características, particularidades, histórias engraçadas ou mesmo tristes, a primeira informação utilizada para representar o bebê foi o diagnóstico. Sua explicação é igualmente interessante: se a deficiência rompe com a semelhança estética que liga o bebê à família, o diagnóstico faz essa função, "como se assim pudessem dizer a que família pertence esse bebê, com quem se parece e qual seu futuro" (p. 137). Acrescenta ainda que quando nem mesmo o conhecimento profissional ajuda a orientar os pais, uma alternativa é a religião, funcionando exatamente da mesma forma, mas com manobras e nomenclaturas próprias deste contexto.

Sobre este estudo, a menção ao nome do diagnóstico para representar o bebê a alguém me diz sobre as desconstruções e tentativas de reconstrução a partir da informação profissional, como havia considerado. De maneira semelhante, recorrer à religião é um movimento amplamente encontrado nestes pais e acho importante fazer algumas considerações. Ao citar o termo "religião" não me refiro a uma designação específica, mas estendo a qualquer explicação de cunho sobrenatural e transcendental que frequentemente é atribuída às pessoas com deficiência. Quando nasce uma criança com uma deficiência, é comum ouvir "é um anjo que veio com uma missão" ou ainda um "castigo" por qualquer desvio de caráter que se aponte. Cito dois exemplos encontrados na pesquisa:

> *E uma gravidez antes dele eu perdi, então* esse aqui é o bebê arco-íris. *[Inquérito] Bebê arco-íris, pelo que eu já ouvi falar, de algumas terapeutas também, é quando a mãe teve uma gravidez anterior que perdeu, então esse bebê seria digamos uma recompensa, vai, digamos assim, ou vem* um bebê para acalentar o coração da gente, *ocupar o amor que você não teve. Que você não pôde dar, na verdade (nº 5, grifos meus).*[8]

---

8 Duas questões se fazem presentes aqui: o aborto anterior e a deficiência. Para investigar a função heroica, analisei os dados dessa mãe com outra de um bebê sem deficiência que contatava com uma faixa etária semelhante, mesma idade em meses do bebê, mesma condição socioeconômica e que também havia passado por um aborto anterior. A função heroica não aparece na mãe do bebê sem deficiência e seus relatos são bastante cotidianos, apenas descrevendo suas vivências, sem enfatizar ou pesar qualquer característica do filho. Ainda que seja um estudo pequeno, seus resultados vão na direção de que a função heroica é um traço mais comum na deficiência.

Mas já que ela veio com essa malformação, *eu acho que* veio pra ensinar muita coisa. Veio pra mudar valores, *pra gente... valorizar,* trazer conhecimento *de coisas que de repente a gente já não... não prestava tanta atenção (nº 8, grifos meus).*

A função heroica atribuída a estes bebês já foi descrita pelo psicanalista Alfredo Jerusalinsky em 1999. Sua origem é histórica e remonta aos oráculos gregos que, por serem cegos, podiam ver o futuro. O que me interessa nesta discussão é apontar que a falta de informações genéricas sobre a condição do bebê com deficiência física leva a uma busca por qualquer outra fonte que se encontre disponível e sirva a este propósito. Deste modo, o bebê pode se tornar um CID de PC 80.9 ou que, por ter uma malformação, ensina e muda valores de toda uma família.

Conhecer este processo é de vital importância, pois os referenciais orientam a forma pela qual os pais se dirigirem ao bebê. Isto implica em como o veem, o que dele esperam, como e o quanto interagem, como indiquei no início desta parte sobre o berço simbólico. O conceito de profecias autorrealizáveis (Mariotto & Schaedler, 2013, p. 84), aplicado aos quadros crônicos da infância, possui um efeito poderoso. Gomes e Piccinini (2010) bem o descreve:

> *Caso os pais enxerguem e tratem o problema de forma patológica, por exemplo, exacerbando suas implicações e restringindo as potencialidades da criança através de uma atitude de superproteção, ter-se-á um incremento das próprias limitações, o que nem sempre decorre da patologia em si e sim do tipo de relação estabelecida entre os pais e o filho (p. 23).*

Considero que a apropriação do conhecimento profissional pelos pais deve ser analisada com cautela. Coloco-me ao lado de outros pesquisadores para defender que os únicos *experts* de cada bebê são seus cuidadores, aqueles que o acompanham, o nutrem e dão sentido às suas vivências. Entretanto, considerando a condição que os pais de bebês com deficiência enfrentam, discordo que o saber técnico seja de todo prejudicial, mesmo que substituindo integralmente o saber familiar. Os profissionais, do alto de seu suposto lugar de cura, fornecem informações que dão previsibilidade e segurança nesta nova situação. Para pais que se encontram vulneráveis e carentes de referências, este saber permite que se organizem de alguma forma para responder as demandas do bebê que não esperam.[9] Parece-me mais interessante que uma manobra técnica desprovida de afeto seja utilizada para trocar a fralda do que a falta de interação. Se os pais se encontram voltados ao próprio sofrimento, é preferível que o bebê seja considerado um código ou um anjo a não chegar nem a ser considerado, se tornando mais um objeto do ambiente. Ainda que longe do ideal, até que os pais recuperem efetivamente sua condição emocional para a parentalidade, quanto mais recursos forem garantidos ao bebê, maior sucesso foi alcançado em seu tratamento.

Pelo fato de ter que lidar com pais em potencial sofrimento e um bebê em pleno desenvolvimento, é preciso pensar alternativas que preconizem o segundo em detrimento do primeiro. O sofrimento dos pais encontra alternativas e pode ser tratado ao longo do tempo, mas o desenvolvimento infantil não espera. Isso me leva a considerar o papel das intervenções informativas como os grupos de apoio, por exemplo. É provável que uma psicoterapia para intervir sobre o sofrimento parental leve algum tempo, pois implica em questões pessoais, familiares e a própria história como filho. Contudo, ofertar informações que garantam interações mais seguras é algo pontual e comparativamente muito menos complexo. Se os pais se encontram em condições mínimas de absorver este conteúdo, propostas que busquem explicar o quadro do bebê, dar exemplos de outros com a mesma condição e mesmo de outros pais em situação análoga, podem ter efeitos bastante positivos. Às vezes subestimamos o poder da orientação, mas esse tipo de informação se mistura a crenças se tornando referências e alcançando os comportamentos. Se utilizada de maneira apropriada e em momento oportuno, pode trazer melhoras tanto para os pais quanto para o bebê.

Em condições favoráveis, a falta de informação é contornada, seja pelo conhecimento profissional, religioso ou qualquer outro que venhamos a identificar. As interações, inicialmente engessadas por este saber externo, tendem a ceder e tomar a forma do bebê. De todo modo, quanto mais informação, melhor estará a condição emocional do cuidador. Caso isso não ocorra e os

---

9   Ver seção anterior em que discuto o efeito da passagem do tempo.

pais fiquem presos a um saber genérico sem pode recuperar a interação genuína com o bebê, terá se instalado uma crise que requer atenção do profissional.

Dificuldades práticas

A rotina de cuidados com um bebê não é simples. Trata-se de um ser que depende inteiramente de seu cuidador para sobreviver. É preciso alimentar, dar banho, colocar para dormir em um lugar confortável, isso considerando apenas as atividades relacionadas ao cuidado básico, pois este bebê precisa ainda brincar, aprender e explorar o novo mundo que o cerca. Até este ponto, não há diferenças entre o bebê típico e o que tem deficiência.

As dificuldades práticas se tornam uma condição externa que afeta o estado emocional do cuidador quando impactam o cotidiano e a relação pais-bebê. Pelas demandas da deficiência e as alterações que esta causa nas habilidades motoras, as atividades de rotina podem se tornar mais trabalhosas ou complicadas do que deveriam. A seguir algumas falas da pesquisa:

> *Ele fica comigo no computador, fica ouvindo música, assiste TV, mas... Brinco no sofá com ele, saio com ele quando tô no carro... (nº 1).*

> *E aí, eu brinco bastante com ele. Brinco, dou risada, falo, faço que nem as fisio passa alguns exercício, faço também... ajudar bastante (nº 2).*

> *Ah, no dia a dia a gente fica o dia inteiro junto, né? A gente acorda... Ele vai tomar o leitinho dele, eu arrumo a roupinha dele, a gente brinca, vai pro parquinho, vai pro médico, vai pra rua, a gente procura sempre fazer alguma coisa, procura sempre fazer alguma atividade com ele, né? Faço exercício nele dentro de casa, né? Procuro sempre tá fazendo alguma coisa com ele, né? (nº 4).*

> *Ah, no dia a dia eu brinco com ele, converso com ele, que a gente conversa muito, converso bastante com ele, brinco bastante... é...*

tudo! Só não dou banho, quem dá é meu marido... Da mesma forma, se eu estiver tomando banho no chuveiro e pegar ele para tomar banho, ele até toma banho, mas ele não curte tanto quanto curte com o pai, entendeu? Meu marido brinca com ele, joga ele para cima... ele é pesado, né? (risos). Joga ele para cima, faz um monte de palhaçadas com ele no chuveiro que eu não consigo fazer mais por conta do peso dele (nº 5).

Ah, no dia a dia é sempre aquela rotina de...de cuidados com ela, o que me consome muito é porque como ela... necessita muito do meu tempo, eu... ff... às vezes eu tenho que escolher por uma necessidade básica minha, né? Então... é... me sinto pressionada, é... fico um pouco... é... cheia, né? De tudo isso. Precisando descansar e tudo mais. Mas eu sei que é um processo temporário, consigo entender que... vai demorar um pouco mais, eu já fiquei frustrada sim de olhar as crianças que tem o mesmo tempo que ela e ver que as mães conseguem dormir melhor, que já estão deixando a criança um pouco ali sentadinha à vontade e eu vejo que ela... é como se fosse um bebê de... uns três, quatro meses que ainda está se acalmando que ainda precisa muito do...do meu colo, né? E seria mais pelo cansaço do que por eu querer cuidar dela (nº 7).

Ah, é assim, essa correria o dia inteiro. Eu tô, tô 100% do tempo pra ela, então eu coloco ela pra engatinhar, tô sentada do lado, na hora de dormir eu dou mama e aí eu vou fazer alguma coisa, alguma atividade, mas eu tô... disponível pra [nome do bebê] o dia inteiro (nº 8).

Observo que a constituição física impacta na necessidade de lidar com o peso do bebê. No exemplo da mãe nº 5, o banho se torna limitado, mas cujo problema é facilmente contornado pela presença do pai que oferta ao bebê uma experiência prazerosa e lúdica. Entretanto, o que aconteceria se não houvesse o pai ou alguém que fizesse essa função? A necessidade de ajuda externa é frequente nos casos de deficiência física. Há estudos que mostram como a mãe é a principal responsável pelos cuidados destes bebês (Alaee et al., 2015; Cipriano & Queiroz, 2008; Simões et al., 2013) e a necessidade de pessoas que contribuam com força física cria situações cotidianas conflitivas de dependência e desassistência. Uma delas é o receio que terceiros não cuidem da maneira que os pais consideram adequada, fazendo com que hesitem em pedir ajuda ou em deixar o bebê aos cuidados de outra pessoa. Consequentemente, há um aumento da carga e da responsabilidade depositada no cuidador que assume essa posição (Silva et al., 2010). Outra situação é o estresse vivenciado quando o cuidador considera pedir ajuda, mas não a encontra, deixando a díade exposta às mais diversas situações de desconforto.

Os relatos mostram ainda como as terapias se fazem presentes mesmo fora das instituições de tratamento com as mães assumindo a função dos fisioterapeutas neste contexto. Discutir os benefícios dessa prática para o quadro da deficiência diz respeito ao campo da Fisioterapia, cabendo a nós compreendermos o lugar assumido por uma mãe-fisioterapeuta para o bebê e suas consequências para o cotidiano destas famílias. Assim, é curioso como pude encontrar apenas um estudo atual que comentasse esse fenômeno do ponto de vista da Psicologia. Barfoot, Meredith, Ziviani e Whittingham (2017) avaliaram pais de crianças com paralisia cerebral por meio de filmagens, encontrando menor sensibilidade na interação com a criança naqueles que receberam orientações técnicas de exercícios para trabalhar sua motricidade em casa. O campo foi pouco explorado, cabendo apenas algumas hipóteses. A necessidade de tratamento contínuo neste caso é um fato e toda contribuição é bem-vinda. A questão é avaliar se de fato há contribuição. Se a terapia em casa implicar em um momento profissional em que as manobras técnicas são preponderantes em relação à ludicidade e ao afeto, penso que as desvantagens são maiores do que as vantagens. O cotidiano do bebê com deficiência já é preenchido por avaliações e atendimentos de teor técnico, estender essa experiência para o lar e (pior) para os momentos únicos de troca com os pais parece uma sobrecarga cujo benefício motor se torna pequeno frente aos prejuízos psicológicos potenciais. Por sua vez, se o trabalho se mistura à brincadeira e o exercício ganha o caráter de troca genuína entre pais e bebê, poderia potencializar seu efeito.

A necessidade de uma disponibilidade integral para estes bebês é frequentemente descrita e se repetiu nas falas dos pais da pesquisa. É evidente que esta é uma idade em que a presença do cuidador é obrigatória, mas o ponto, anunciado pela mãe nº 7, é que o crescimento não necessariamente significará maior independência do bebê e menor carga para os pais. Esta fala em particular destoa das demais por ter um caráter melancólico e exemplifica o efeito das dificuldades práticas.

O bebê da díade nº 7 marcou um nível de desenvolvimento crítico, o que quer dizer que apresentou pouca ou nenhuma das habilidades esperadas para sua faixa etária. Da mesma forma, tanto no grupo dos pais dos bebês com deficiência, quanto dos sem deficiência, aqueles que apresentaram sintomas mais altos de ansiedade e depressão foram os mesmos cujos bebês possuíam os menores níveis de desenvolvimento. Esta relação é coerente e ajuda a explicar o tópico em questão. Pesquisadores têm encontrado repetidas vezes que quanto maior a severidade da deficiência do bebê, maiores os sintomas de depressão e exaustão (Al-Gamal & Long, 2013; Alves, 2015; Barfoot et al., 2017; Barreto et al., 2019; Bemister et al., 2014, 2015; Krstić et al., 2015; Marrón et al., 2013; Pousada et al., 2013; Yoo, 2016). Ou seja, quanto mais atípico o quadro, mais o cotidiano é afetado.

Esta relação pode ser explicada pelo tempo despendido ao bebê potencialmente impactar as horas de repouso e sono e limitar outras atividades não relacionadas ao filho, como o cuidado de si. Assim, relatos de sobrecarga, estresse, desgaste, cansaço, irritabilidade e impotência são frequentes nestes pais (Cipriano & Queiroz, 2008; Kisler, 2014; Kisler & McConachie, 2010; Ribeiro et al., 2013; Silva et al., 2010). Para além dos participantes desta pesquisa, estudos mostram que, com o desenvolvimento do bebê e o consequentemente aumento da complexidade de suas demandas, o cotidiano pode ser ainda mais impactante para a saúde mental do cuidador. A falta de acessibilidade em ambientes externos e mesmo lugares adequados a crianças com deficiência física pode limitar ainda mais as atividades de lazer (Alaee et al., 2015). Da mesma forma, reações negativas das pessoas à deficiência do bebê, como visto no relato da mãe nº 4, favorecem uma vivência mais restrita ao núcleo intrafamiliar.

Apenas um dos relatos de um total de dez demonstrou sofrimento devido às dificuldades práticas, o que dá alguma notícia sobre a proporção dos casos em que isso poderia trazer sofrimento e fomentar uma crise. Intervenções pontuais da Psicologia aqui se tornam complexas, pois se trata da realidade concreta e suas limitações. Estas, quando somadas às do bebê, exigem mais dos pais para que se mantenham as condições mínimas de prover os cuidados necessários.

Para concluir...

O sofrimento dos pais de bebês com deficiência física não pode ser visto de maneira pontual. O conceito de crise reforça que algum grau de desorganização seja esperado e possa ser acompanhado de sofrimento, mas apenas quando incapaz de ser ultrapassado se aponta uma condição crítica. Ambas as situações podem se beneficiar de atendimentos psicológicos, ainda que cada um tenha sua especificidade.

Este é um tema que lida com questões íntimas intensas e não seria incomum que algumas pessoas padecessem neste percurso. Assim, considero que foi possível descrever alguns traços desse sofrimento e condições que podem agravá-lo. De maneira geral, acho bastante didática a tabela organizada por Vadivelan e colaboradores (2020), à qual fiz adaptações e apresento a seguir (Tabela 1.1). Ela engloba eventos ocorridos ao longo de toda a infância, de modo que os relatos me levariam a dizer que, no caso de bebês, os estressores ficam mais restritos aos Individuais e Intrafamiliares e vão se estendendo aos demais com a ampliação de suas necessidades.

Uma vez que lidar com algum sofrimento faz parte da experiência de pais após descobrirem a deficiência do bebê e haverá aqueles que terão maior dificuldade, uma pergunta surge: este impacto afeta os cuidados oferecidos ao bebê? Levantei uma série de situações que demonstram embaraços na relação entre a díade, mas haveria de fato um prejuízo na capacidade efetiva destes de serem pais?

Tabela 1.1 Estressores associados ao sofrimento de cuidadores de crianças com deficiência física

	Estressores individuais	Estressores intrafamiliares	Estressores sociais	Estressores ambientais	Estressores relacionados às políticas públicas
Físico	Exaustão, falta de descanso e dor física	Falta de suporte mecânico familiar e dificuldades de cuidar das demais crianças	Falta de suporte mecânico dos membros da comunidade	Barreiras físicas e arquitetônicas e dificuldades na locomoção	–
Emocional	Culpa, responsabilização, preocupações com o futuro da criança	Dificuldades relacionais entre o casal, culpa por cuidar menos dos outros filhos	Isolamento social (real ou percebido)	Preocupação em como deslocar-se com a criança	–
Social	Culpabilização dos pais	Culpabilização do cuidador por cuidar menos da família (real ou percebida)	Discriminação nas relações (real ou percebido)	Falta de espaços acessíveis	Falta de grupos de apoio
Financeiro	Impossibilidade de trabalhar e sobrecarga de trabalho sobre um dos cuidadores	–	Falta de empregos que ofereçam flexibilização de horários para cuidar da criança	–	Políticas de assistência às famílias com deficiência ineficazes
Informativo	Falta de informação sobre tratamento e falta de previsibilidade	–	Falta de conhecimento geral sobre a deficiência	–	Falta de informações veiculadas e oferecidas

Fonte: Traduzido e adaptado de Vadivelan et al., 2020, p. 6.

2. Parentalidade

O termo que marca o título deste livro é "parentalidade", sendo este o tema central o qual sofrimento parental e recursos do bebê orbitam a sua volta. No capítulo anterior evidenciei a preocupação sobre como os pais veem o bebê, que expectativas têm sobre ele e como isso afeta a relação que com ele estabelecem. Alertei ainda para a pressão que o tempo exerce sobre o desenvolvimento infantil, indicando a urgência de se garantir aos pais as melhores condições emocionais possíveis para que cumpram seu papel para o bebê. Este é o momento de organizar estas ideias, apresentar os resultados da parentalidade dos pais da pesquisa e discutir se após a notícia de um diagnóstico de deficiência física esta pode ser comprometida.

Definição do conceito

Começando por uma pergunta direta, o que é parentalidade? A resposta simples é: o conjunto de atividades realizadas na relação cotidiana entre o bebê e seu cuidador. São ações comuns como trocar a fralda, dar de mamar, embalar em uma canção de ninar, ensinar que existem coisas que devem ser feitas, mas outras são proibidas e/ou potencialmente perigosas, dentre outras bem conhecidas pelo senso comum. Parentalidade é simplesmente a soma dessas "técnicas tão intimamente ligadas às práticas e às necessidades de nossa vida cotidiana que muitas vezes nem desconfiamos de sua existência" (Wallon, 1941/2007, p. 35). Trago algumas falas ilustrativas obtidas na pesquisa:

> *Ah, gosta de brincar... brincar com ele, ficar ali, aí conversa, daí eu falo, dou risada, coloco vídeo, canto, então é... uma relação muito boa... Só de ouvir a voz ele já sabe que sou eu... (nº 2).*

> *A gente passa muito tempo juntos né... E assim, a gente se entende bem, então a gente faz tudo junto. Eu consigo ver quando ele tá com fome, quando ele precisa de alguma coisa, quando ele precisa de um carinho, quando ele quer brincar. Eu sei como ele gosta de brincar, como ele gosta de dormir, como ele gosta da comida, como ele gosta da mamadeira (nº 3).*

> *A gente conversa bastante. Eu entendo ele... Tem algumas vezes que não (risos), ele faz birra, mas eu consigo entender (nº 6).*

> *Eu fico o tempo todo brincando com ela, distraindo ela, conversando, ela gosta de conversar, então ela... fica falando, ela fica dando risada, eu gosto de colocar ela junto dos meu bichinhos, né? Que interage cachorro, gato, tudo junto... passear, é... mostrar para ela coisas... é... coisas novas, tocar música... essas coisas mais artísticas... (nº 7).*

Dito isso, alguém poderia questionar o motivo de algo tão banal e integrado à rotina diária ser do interesse de pesquisadores e despertar tanta preocupação. Acontece que a resposta completa para "o que é parentalidade" é: o conjunto de funções exercidas por aquele que se ocupa do bebê de maneira afetiva (seja este seu pai, sua mãe, sua avó, seu vizinho etc.), propiciando-lhe estímulos fundamentais para que este complete seu desenvolvimento. "Afetiva" aqui tem uma conotação mais ampla do que apenas "carregada de afeto positivo", dizendo da capacidade de afetar e ser afetado pelo bebê, entrando em uma espécie de sintonia com este. E escrevo *"completar* o desenvolvimento", pois, ao contrário de outros mamíferos, mesmo ao nascer o bebê humano ainda estará muito aquém daquilo que poderá realizar, tornando-se um ser totalmente dependente. Basta compará-lo a um bebê canguru que, logo após o nascimento, já é capaz de organizar o complexo arranjo dos seus membros inferiores e sair saltitando com uma motricidade geral que já lhe confere bastante independência.

Esta particularidade do desenvolvimento do nosso bebê tem consequências para a forma como sua parentalidade se organizou do ponto de vista da espécie. Após o parto, seu sistema nervoso ainda não está completo. Seria necessário maior tempo de gestação para que o alcançasse, mas isso não quer dizer que o sistema nervoso não se completará, apenas que este processo irá ocorrer fora da barriga da mãe e em meio a um ambiente repleto de estímulos – alguns favoráveis, outros nem tanto. Assim, entre o primeiro e o terceiro ano, a atividade cerebral é intensa, procurando ativamente por experiências enriquecedoras que forneçam estímulos necessários ao seu desenvolvimento. Este é um momento de grande maleabilidade do sistema nervoso, quando as trocas afetivas são intensamente capazes de modificá-lo (Feldman, 2015b, 2016; Trevarthen et al., 2006). Isto é particularmente interessante considerando que as deficiências físicas congênitas, em sua maioria, são causadas por danos ao sistema nervoso.

A importância do ambiente para o desenvolvimento infantil é um assunto muito caro à Psicologia e as evidências científicas não deixam dúvidas de que a preocupação em promover um ambiente favorável ao bebê é justificável, o que propicia o desenvolvimento cognitivo, linguístico, social, emocional e motor. Cada alteração no ambiente mobiliza uma mudança no bebê que precisará se readaptar, reorganizar e assim desenvolver novos recursos que estavam presentes apenas como um potencial. Imagine um bebê que ganha um chocalho novo. Ao balançá-lo, nota que seu peso é diferente dos demais e o som produzido é pela primeira vez por ele registrado. É preciso então realocar a musculatura do braço e da mão para atender ao peso do novo objeto, talvez uma posição nunca utilizada para agarrar o chocalho da mesma forma como estava acostumado. O novo som deve ser registrado como mais um som existente possível, mas ainda um som de chocalho.

Este simples exemplo mostra a complexidade das consequências decorrentes de cada experiência propiciada pelo ambiente e que se tornam ainda mais potentes quando consideradas as interações entre o bebê e seus pais. Se um chocalho novo mobiliza aprimoramentos motores, o sorriso de uma mãe dirigido a um bebê que aleatoriamente esboçou um esguio involuntário é intensamente transformador. Esta pequena troca ensina o novo ser que aquele conjunto de articulações da musculatura facial significa algo para as pessoas a sua volta. Ainda, significa algo que garante uma atenção extra – e talvez alguns beijinhos. Que estratégia de sobrevivência é o laço entre pais e bebê, que, com um sorriso, aumenta as chances de se ter um cuidador por perto e a sua disposição! (Piaget, 1967/1999; Vygotsky, 1978/1991; Wallon, 1941/2007)

Desta forma, agora é possível ajustar a ideia de parentalidade como "as atividades de cuidado ao bebê" para "o modo pelo qual as atividades de cuidado ao bebê acontecem". Explico. Trocar a fralda, como visto no capítulo anterior, pode ser uma tarefa realizada de maneira estritamente técnica e mecânica. Anteriormente, já havia indicado que este modo é oposto ao esperado e agora é possível compreender o motivo: se ninguém se afeta, não há mudanças e o bebê não se desenvolve. Dada a janela de desenvolvimento dos primeiros anos, se este padrão se mantém, prejuízos são esperados.

Entretanto, para que a parentalidade ocorra de maneira efetiva, existe uma condição, motor de todo trabalho aqui proposto: o estado emocional do cuidador. Diferente de outros mamíferos, a parentalidade humana não é compulsória, isto é, não ocorre de maneira automática e igual em todos os casos. A mãe-macaco não escolhe se quer ou não ser mãe ou se será uma mãe mais rígida por acreditar em valores conservadores, ela simplesmente cuida de seu filhote como as demais de sua espécie o fazem. O caso oposto ocorre no cuidador humano, pois sua parentalidade depende do contexto social, seus eventos passados, projetos para o futuro e seus padrões de vinculação transmitidos de geração em geração (Abraham, & Feldman, 2018; Feldman, 2015a, 2015b, 2016). Neste caso, haverá pais inseguros que se relacionem com o bebê de maneira permissiva e agradecerão o fato de existirem os *tablets* para brincar com o filho em seu lugar; haverá outros que seguirão uma tradição familiar que se iniciou no contexto de seus antepassados e que sempre mantiveram relações com pouco contato físico e muita obediência; e também aqueles, como a mãe nº 7, cuja fala transcrevi no início do capítulo, que aposta na interação do bebê com os animais e na exposição a *"essas coisas mais artísticas..."*. Poderia citar uma série de outros exemplos e não esgotaria todos os contornos possíveis, o ponto é que a experiência subjetiva pessoal do cuidador dita sua parentalidade. Por este motivo optei por discutir inicialmente o estado emocional dos pais após a notícia de deficiência física do bebê. É preciso deixar claro quais condições estes dispõem para a parentalidade para então observar o que acontece nas relações a partir destes eventos.

Características da parentalidade humana

Ainda que existam variações na quantidade e qualidade, existem comportamentos próprios de nossa espécie que se fazem presentes em qualquer contexto e que são de grande utilidade para avaliar a parentalidade. Assim, seus componentes básicos são a *rápida formação de vínculo* e a *sincronia comportamental*. Esta é uma parentalidade cujo vínculo se dá logo no nascimento do bebê por meio do contato físico, mais especificamente o olhar em interações face a face, o toque afetuoso e a voz em tom agudo – aquela que repentinamente nos acomete ao se dirigir a um bebê e que os pesquisadores chamam de *manhês*. A sensorialidade (visão, tato e audição) é fundamental, pois fornece pistas para que tanto cuidador quanto bebê ajustem seu comportamento um ao outro de maneira sincrônica (Feldman, 2016).

Do ponto de vista do cuidador, tais pistas precisam ser refinadas. Primeiro há a questão prática de que estes estímulos sensoriais devem ser notados: o bebê pode se esforçar para atrair a atenção do seu cuidador, mas se este não está atento (independentemente do motivo), nada acontece. Considerando que a expressão do bebê teve êxito e alcançou seu interlocutor, muito ainda pode acontecer, pois esta pode ser interpretada de diversas formas ou mesmo ser apenas ignorada, pois é preciso contar com seu interesse sobre as intenções do filho. Ainda que os pais não saibam o que este bebê sente e quais intenções subjazem cada um de seus comportamentos, não há problema, pois eles supõem: atribuem ao bebê aquilo que pensam e sentem sobre si, chegando às vezes a tomar as suposições por certezas de maneira intrusiva e até paranoica. Os estudos atuais mostram como a presença de interesse pelo mundo interno do bebê está relacionada ao desenvolvimento infantil e que tanto a falta de suposições, quanto as certezas (os dois extremos), podem acarretar em prejuízos (Luyten et al., 2017).

É por conta dessas suposições que se notam as falas apontadas no início do capítulo como "*Só de ouvir a voz ele já sabe que sou eu...*" (nº 2), "*Eu sei como ele gosta de brincar, como ele gosta de dormir, como ele gosta da comida*" (nº 3) e "*Eu entendo ele... Tem algumas vezes que não*" (nº 6). Como se nota, são expectativas que flutuam entre certezas e dúvidas, mas sempre imputando ao bebê uma intenção, uma preferência ou uma vontade.

Retomando o exemplo anterior do sorriso, é preciso que a mãe tenha percebido aquela expressão e a tenha interpretado como sorriso, o que por sua vez lhe causa um sentimento de euforia (uma vez que suas experiências anteriores e seu contexto cultural a façam assim associar), que é expressa em um grande sorriso seu e uma exclamação de intenso afeto e de alto tom de voz: "*Você tá sorrindo pra mim? Tá? Que sorriso lindo!*". A imagem a seguir demonstra o curioso inter-jogo que se engendra nas interações cotidianas. A expressão facial do bebê responde à da mãe (as expressões de ambos podem ser comparadas por conta do espelho) produzindo novas experiências e, consequentemente, novas expressões.

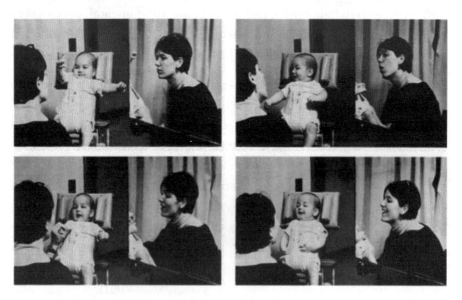

Figura 2.1 Interação mãe-bebê.

Fonte: Trevarthen e Delafield-Butt, 2017.

Se o estado emocional do cuidador favorece as trocas, sua sensibilidade e sintonia com o bebê são completas: seus movimentos se adaptam a ele e cada ação é ajustada à forma e ao ritmo de suas expressões. Experiências enriquecedoras como estas incidem positivamente sobre o desenvolvimento e servem como modelos seguros de interação para o bebê. Assim, se repetirão ao longo de sua vida e podem ser utilizados, inclusive, quando este estiver na condição de cuidador (Bowlby, 1989). No entanto, se o sofrimento prejudica a sensibilidade, a parentalidade pode ser afetada. Nas palavras de Amaral (1995):

> *Os pais ao "perderem" o filho desejado podem, imersos em seu sofrimento e não elaborando o luto, estarem impedidos de estabelecer um vínculo com o bebê real. Podem estabelecê-lo, por exemplo, com o bebê desejado e perdido, ficando, assim, prisioneiros da melancolia. Ou podem, paradoxalmente, estabelecer o vínculo com a deficiência e não com o filho deficiente, ou seja, suas relações estarão baseadas no fenômeno e não na criança, nas práticas terapêuticas e não nas necessidades humanas (p. 88).*

Observações gerais sobre a parentalidade de bebês com deficiência física

A partir destas concepções, minha pesquisa foi realizada e, semelhante ao que foi visto em relação ao sofrimento parental, os pais dos bebês com e sem deficiência apresentaram níveis semelhantes de parentalidade. De forma geral, seus resultados foram medianos e apenas dois elementos diferenciaram o primeiro grupo do segundo: a tensão e a constrição. Tensão se refere a um cuidado permeado por um nível de estresse não requisitado pela situação e constrição a uma parentalidade em que o bebê fica mais restrito ao colo e com menor liberdade de movimentos. São pais que os mantinham mais presos e/ou apertados do que o necessário e do que seria pedido por uma relação sincrônica. A observação dos vídeos gravados é bastante ilustrativa desta diferença.

Ainda que considerada a questão prática dos bebês com deficiência terem uma limitação e permanecerem mais no colo ou no carrinho, se notam pais que davam menor liberdade para o bebê se esticar e explorar os objetos a volta e que, curiosamente, os balançavam mais do que os pais do outro grupo. Não apenas a frequência, mas também a intensidade foi maior: era um balanço forte e contínuo, mas o ponto central é que não era iniciado, modulado e encerrado pelas respostas do bebê, apenas se mantinha de maneira independente.

Ambos os grupos demonstraram interesse e curiosidade sobre o mundo interno do bebê, em menor intensidade apresentaram certeza sobre suas suposições e, menos ainda, foram os que mostraram pouco interesse. Essa disposição dos dados se repete nos estudos com populações não-clínicas de idade semelhante (Cooke et al., 2017; Pazzagli et al., 2018), o que reforça que a notícia do diagnóstico não impactou estes aspectos da parentalidade nos participantes da minha pesquisa.

Houve uma pequena diferença entre os grupos em que aquele dos bebês com deficiência física indicou dificuldade de brincar com o filho de "faz de conta" e que seu comportamento era confuso a ponto de dificultar a interpretação. Este é um detalhe que chama a atenção. Tensão, constrição e dificuldade de brincar com o bebê apontam para aspectos da parentalidade que se comprometem, ainda que a condição geral seja favorável. O fato de o comportamento ser confuso diz da condição do cuidador, mas também daquilo que o bebê tem de recurso para se expressar e, por esse motivo, deixarei para comentar este aspecto no próximo capítulo, dedicado ao tema.

De todo modo, poucos estudos avaliaram a parentalidade de bebês com deficiência física, restando alguns dados para apoiar os resultados observados. Cito-os. Montandon (2018), avaliando a parentalidade de crianças com deficiências neuromusculoesqueléticas, encontrou em 30,8% dos pais nível ótimo, em 40,4% nível médio que precisa ser monitorado e, em 28,8%, nível de risco. Oliveira (2016), comparando pais de pessoas com deficiência entre 8 e 22 anos com pais de bebês sem essa condição, encontram porcentagens levemente maiores nos primeiros para estilo parental de risco, mas também maiores em estilo parental ótimo. Por fim, Cardoso, Fernandes, Novo e Kupfer (2012), acompanhando bebês com diferentes deficiências ao longo de dezoito meses, encontram que o item "A criança solicita a mãe e faz um intervalo para aguardar sua resposta" foi ausente em 53,33% dos pais; "Quando a criança chora ou grita a mãe sabe o que ela quer" e "A mãe dá suporte às iniciativas da criança sem poupar-lhe esforços", ausentes em 26,66%; "A mãe já não se sente mais obrigada a satisfazer tudo o que a criança pede" e "Os pais colocam pequenas regras de comportamento à criança" ausentes em 26,66%.

Faço questão de detalhar estes resultados por serem os únicos encontrados até a escrita deste texto e por mostrarem que ainda não há dados suficientes para dizer *se* a parentalidade é afetada pela notícia do diagnóstico de deficiência de maneira geral. Entretanto, para aqueles que isso ocorre, surgem algumas pistas sobre *como* a parentalidade é afetada que gostaria de explorar aqui.

Condições que podem afetar a parentalidade

Três aspectos foram encontrados e relacionados à parentalidade. Como discutido no capítulo anterior, trato-os como pontos sensíveis que podem dificultar o exercício daquele que se ocupa do bebê, ou ainda, tornar a parentalidade mais penosa, exigindo esforço extra do cuidador. São estes: o sofrimento, o efeito temporal e a severidade do quadro.

Sofrimento do cuidador

Como esperado, os pais que apresentaram maiores sintomas de depressão foram os mesmos que obtiveram menor interesse e curiosidade sobre o mundo interno do bebê em ambos os grupos. Assim, não se trata de algo específico da deficiência física, o que se confirma por outros estudos que têm sugerido que este é um fenômeno geral. Pesquisas recentes com mães que sofreram de depressão pós-parto mostram menor sensibilidade e sincronia com o filho: os toques são mais lentos e há maior direcionamento do olhar para o bebê, mas com intervalos curtos, dificultando a troca sincronizada de olhares (Granat et al., 2017; Priel et al., 2019; Ulmer-Yaniv et al., 2018).

Uma maneira de explicar essa relação é pelo *pensamento ruminativo* encontrado em pessoas com sintomas depressivos (Berman et al., 2011). Uma das várias formas pelas quais as pessoas respondem ao estresse é por meio de pensamentos negativos, repetitivos e autocentrados. Sendo a deficiência uma situação crítica imprevisível, apontei no capítulo anterior um perfil reflexivo e introspectivo, principalmente nos momentos mais próximos à notícia do diagnóstico. Bastante coerente com a ruminação e com o perfil de sofrimento proposto, estes pais poderiam estar mais voltados para si, se ocupando de repetitivos pensamentos de culpabilidade e autodesvalorização. Se voltados para si, restaria menor disponibilidade para supor o que o bebê pensa e sente. Teoricamente, o pensamento ruminativo aparece nos momentos ociosos, não sendo presente durante as atividades. Se assim o for, por um lado, o bebê seria menos afetado, pois os pensamentos não contaminariam a interação, por outro lado, ainda assim o estado do cuidador estaria menos favorável em relação àquilo que poderia ofertar. Sobre a ansiedade, os pais do grupo com deficiência que demonstraram sintomas mais graves foram mais alheios ao bebê, o que poderia ser visto sob a mesma ótica anteriormente apresentada.

Um interessante estudo realizado por Krink, Muehlhan, Luyten, Romer e Ramsauer (2018) com mães de bebês de três a seis meses diagnosticadas com depressão pós-parto utilizando a mesma avaliação da pesquisa encontrou dados semelhantes. A depressão se fez mais presente nos pais que tendiam a ignorar as investidas dos bebês, mas não afetou a curiosidade sobre seu mundo interno ou levou a expectativas absolutas. Desta forma, é preciso ficar atento ao pressuposto de que o sofrimento afeta a parentalidade. Levantei uma hipótese no capítulo anterior de que o saber médico e a religião poderiam servir de apoio ao estado emocional do cuidador para que este pudesse cumprir minimamente as funções necessárias ao bebê. Esta poderia ser uma explicação para que alguns aspectos da parentalidade fossem preservados, mesmo frente a situações pungentes. Apenas pesquisas futuras poderão verificar essa possibilidade. Uma vez que a ciência tenha avançado a ponto de compreender os diferentes componentes da parentalidade, é possível analisá-los de maneira independente, buscando o que pode fortalecê-los ou enfraquecê-los. Este parece um caminho profícuo para os estudos das próximas décadas.

Parentalidade constituída antes ou a partir da deficiência

Tal como foi feito com o sofrimento parental, investiguei se o momento em que os pais notaram que havia algo de diferente com o bebê e que receberam o primeiro diagnóstico da deficiência impactaram a parentalidade. De fato, a sensibilidade do cuidador foi maior quanto mais tardiamente detectada a deficiência. Sensibilidade foi aqui avaliada por sua capacidade de reconhecimento, imitação, olhar compartilhado e dirigido ao bebê, afeto positivo, apropriação do tom vocal, clareza, afetação sintônica, desenvoltura, elogios, toque afetuoso e presença suportiva. Isto quer dizer que aqueles cuja deficiência do bebê foi identificada logo no início de sua vida, apresentaram, no momento da pesquisa, menor sensibilidade. Essa é uma afirmação que exige uma discussão cuidadosa, principalmente levando em conta o que expus no capítulo anterior onde dizia que os momentos seguintes à notícia da deficiência eram carregados de maior sofrimento. Ora, a conclusão lógica seria então que pais em sofrimento desempenham uma melhor parentalidade! Contudo, a situação não permite tratar os resultados de maneira direta, não sendo este o caso.

De acordo com os dados, há duas situações. Na primeira, há pais cuja descoberta da deficiência se deu logo após o nascimento. Nesta, os sintomas atuais de depressão são menores e a parentalidade menos favorável. Na segunda situação há pais cuja descoberta da deficiência se deu tardiamente. Nesta, os sintomas atuais de depressão são maiores e a parentalidade mais favorável. De maneira esquemática, vou tomar como ponto de referência o parto e localizar as possibilidades de detecção na gestação (1), logo após parto (2) e em momentos posteriores do desenvolvimento do bebê (3).

Assim como encontrado na pesquisa, há outros estudos que observaram que a parentalidade tem melhor desempenho sem os reveses da deficiência (Montandon, 2018; Munhoz, 2011), reforçando essa proposta. Assim, é possível recuperar a concepção de fases para sugerir uma compreensão integral dos diferentes momentos da parentalidade destes bebês.

1. Quando a deficiência é detectada na gestação, há maior tempo para que os pais vivenciem o choque, aumentando as chances de disporem de melhores condições emocionais no momento do parto em comparação ao momento da detecção. Ainda que estejam potencialmente mais dispostos à parentalidade, essa se organiza a partir da deficiência, isto é, desde o início, as trocas são atravessadas pelo diagnóstico, as demandas específicas, os movimentos atípicos e as alterações anatômicas. Deste modo, mesmo que tenha havido tempo para elaboração da questão interna, não houve tempo para adaptação às dificuldades externas que se farão presentes a cada dia, o que pode prejudicar o encadeamento da parentalidade.

2. Quando a deficiência é detectada no parto, o choque se inicia ao mesmo tempo em que a parentalidade se concretiza. O sofrimento é potencialmente agudo e a parentalidade é constituída a partir da deficiência, da mesma forma que ocorre quando detectada na gestação. Contudo, nesse caso pode ser agravada pelo sofrimento do cuidador, potencialmente agudo nesta condição.

3. Quando a deficiência é detectada em um momento posterior ao parto, mais à frente do desenvolvimento do bebê, a parentalidade se organiza sem a presença da deficiência, tal como se passa com um bebê típico. Não há desconstrução do papel de pai e mãe ou do que é esperado para um bebê. O conhecimento popular se aplica e se engendram relações comuns: a parentalidade é tão boa ou ruim quanto qualquer outra pode ser. Quando a deficiência se torna conhecida, o momento de choque tem início, mas as bases da parentalidade já foram estabelecidas e não são comprometidas da mesma forma que ocorre nas outras duas situações.

Os esquemas a seguir (Figura 2.2) ajudam a sistematizar cada uma das três situações. A largura das setas é apenas ilustrativa de modo que *a seta superior não possui correspondência cronológica com a inferior*. Como dito, as fases possuem um tempo próprio que não se apoia necessariamente em eventos concretos.

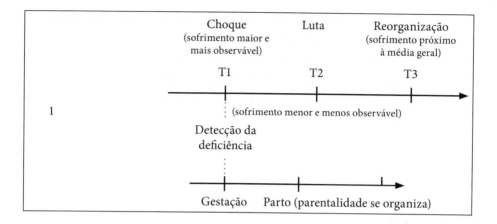

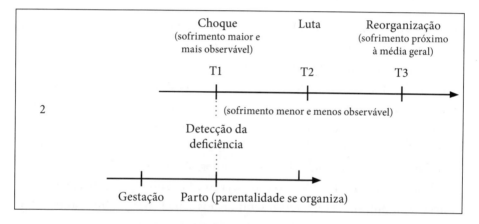

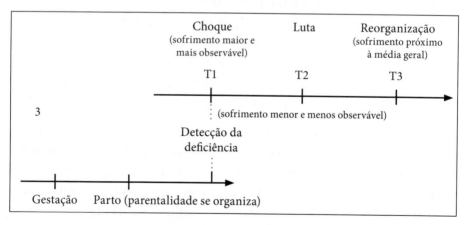

Figura 2.2 Relação entre sofrimento parental e parentalidade antes e após a notícia do diagnóstico.

Esta é uma forma didática e sistemática de compreender a parentalidade destes bebês. Enquanto um esquema, pode ser bastante útil para ajudar a investigar e elaborar medidas de intervenção, mas sua aplicação prática no cotidiano das famílias deve ser evitada. Primeiramente, faltam estudos para validem a proposta. Segundo, a realidade clínica sempre será preponderante a qualquer modelo que possamos esboçar. Neste caso, que se priorizem as falas e as observações singulares em detrimento de qualquer modelo previamente concebido.

Severidade do quadro

Os bebês que apresentaram maior desenvolvimento foram aqueles cujos pais demonstraram maior interesse e curiosidade por seu mundo interno, mas também menor sensibilidade. Este é um resultado curioso e contraditório que requer algumas considerações. De maneira literal, quando a severidade do quadro da deficiência era grave, seus pais prestavam maior atenção, se afetavam mais durante as interações, seu toque era mais afetuoso etc., mas se ocupavam menos do que estaria o bebê pensando e querendo expressar. Teoricamente, a sensibilidade só ocorre quando existem suposições sobre o bebê. Não há como estabelecer uma *troca* sem que o bebê seja considerado um potencial parceiro, capaz de compreender e expressar sentimentos e intenções. Outros estudos têm demonstrado resultados contrastantes. Oliveira (2016) não encontrou relação entre parentalidade e severidade do quadro, o que foi atribuído ao baixo número de participantes em sua pesquisa. Barfoot e colaboradores (2017) também não encontraram associação entre a disponibilidade emocional do cuidador e a severidade. Apenas Montandon (2018) verificou uma tendência de maior competência parental em função de uma severidade leve do quadro do bebê.

Seria possível atribuir o contraste dos dados ao número de participantes de minha pesquisa, mas não há como ignorar que haja estudos que simplesmente não encontraram nenhum impacto da severidade do quadro na parentalidade. Isso leva a algumas hipóteses. É possível que os quadros mais graves do bebê afetem o estado emocional do cuidador, mas não prejudiquem a parentalidade. Na esteira do que vinha propondo, talvez os pais encontrem formas de sustentar a parentalidade mesmo quando não dispõem das melhores condições emocionais. Estudos são necessários para compreender exatamente o que ocorre.

Por sua vez, é preciso lembrar que esta relação é bidirecional, isto é, se A afeta B, B também afeta A. Assim, a falta de dados substanciais que apontem para a interação entre severidade da deficiência e parentalidade, leva a considerar que garantir uma boa parentalidade não implicaria necessariamente em uma redução da severidade da deficiência. Este é um pressuposto muito caro a minha pesquisa e que se pauta em modelos teóricos atuais acerca do desenvolvimento infantil. É fato que existem aspectos do quadro que são irreversíveis, como a malformação de um membro, mas sua funcionalidade e destreza estão suscetíveis às trocas da parentalidade e estão sob a égide dos ganhos do desenvolvimento humano. Contudo, por hora os dados são incipientes para sustentar esta hipótese. Mais uma vez, existem resultados que afirmam e outros que negam a relação entre ambos, de modo que posso apenas propor este exercício especulativo que busca fomentar discussões e novas pesquisas.

Para concluir...

O conflito vivenciado entre a suposição do bebê imaginado e o bebê real que se apresenta tem consequências intrigantes para a parentalidade quando há uma deficiência física. Mesmo que a severidade do quadro limite as possibilidades de expressão do bebê, os pais podem reconhecer ali um sorriso, um carinho dirigido a eles, pois tais suposições são permeadas por aquilo que desejam, que gostariam, que sentem em si e esperam encontrar de volta em seu filho. Por este motivo indiquei que a incompatibilidade entre o bebê imaginado e o bebê real oferece uma vantagem para a parentalidade nos casos de deficiência física.

Ainda que possa existir um sofrimento que torne os pais mais introvertidos e autocentrados, as necessidades do bebê parecem se sobressair, convocando-os para seu dever. Dever este que é cumprido nos participantes da pesquisa, ainda que possa ser permeado por tensão e constrição. Os diferentes momentos em que a deficiência é descoberta modulam a capacidade dos pais e as diferenças entre aqueles que detectaram a deficiência no parto e aqueles que a descobriram alguns meses depois é bastante ilustrativa de seu atravessamento na parentalidade. Entendo também que não é apenas a limitação prática do bebê que a afeta, mas também seu efeito subjetivo. Explico. Se reações são despertadas apenas com a notícia do diagnóstico de um bebê que ainda se encontra na barriga da mãe, é preciso ir além dos impactos concretos da deficiência, considerando o que ela significa para cada cuidador e como incide sobre a parentalidade que irá se organizar. Se a informação (ou a falta dela) leva a expectativas limitantes acerca do que pode o bebê, pouco será esperado e a interação será restringida por si própria, sendo o oposto também verdadeiro. Comparo duas falas encontradas na pesquisa para ilustrar a discussão:

> *Às vezes eu tenho medo... Eu fico às vezes incomodada, às vezes eu quero ajudar e aí eles falam: "Não, tem que deixar ele fazer sozinho, ele tem que ir atrás do que ele quer". Mas eu quero tá ali, eu quero fazer por ele, eu quero ajudar. Às vezes me incomoda... Eu fico incomodada porque... Que nem eu falava: "Se eu pudesse tirar meu braço e dar pra ele tiraria, eu faria isso por ele, mas eu não posso". Então, às vezes... Isso me incomoda um pouquinho (nº 4).*

> *Eu falo assim, poxa ela é realmente quase inteira nisso, corpo... menorzinho, tudo. Mas eu vejo que ela entende, é... e eu tento sempre induzir alguma coisa que seja...é... um pouquinho a mais porque eu acredito que ela possa ser mais do que aquela, aquele bebezinho, aí quando eu vejo que não dá, ok, aí a gente volta. Mas a intenção é sempre que... ah, as pessoas falam "não faça isso porque, ah é muito ainda para ela", mas aí eu vejo, tento, quem sabe eu que tô aqui então eu vou tentar, porque eu não acho que tenha que diminuir ela por essa questão dela ter essa dificuldade, que às vezes a gente não sabe e pode surpreender (nº 7).*

A primeira mãe expressa claramente sua vontade de *fazer pelo filho*, mesmo dar-lhe o braço que lhe falta, considerando a situação altamente limitante e penosa. Pelo relato, seu incômodo leva-a a ajudar o bebê mais do que este solicita ou necessita. Já a outra mãe, do contrário, supõe no bebê mais do que este demonstra, "*sempre induzindo alguma coisa a mais*", parecendo colocar situações novas ou mesmo dando maior liberdade de ação.

É justamente devido a esta comparação e à fala "*não acho que tenha que diminuir ela por essa questão dela ter essa dificuldade*" que insisto no atravessamento subjetivo da deficiência nas expectativas parentais. Esta mãe bem explica que muitas vezes as pessoas com deficiência podem ser desacreditadas – mesmo quando ainda são bebês em franco desenvolvimento! E é por este motivo que a notícia tardia da deficiência física do filho pode nos ensinar muito sobre a parentalidade destes casos. Até então, estes são bebês comuns, mundanos, os quais não se sabe que requerem cuidados específicos. Não há função heroica para além daquela a que qualquer bebê está sujeito e não há conflitos maiores do que aqueles que qualquer família pode desenvolver. Como indica Amaral (1997), não há "sofrimentos adicionais (com muita probabilidade desnecessários) imputados à pessoa com deficiência, aos familiares, aos profissionais". E assim, completa: "Beneficiaremo-nos ao resgatar da superstição uma condição que nada tem de mágica" (p. 133). Trabalho este que os pais assumirão a partir da descoberta da deficiência e o qual os profissionais podem auxiliar. Comparar este caso com o daquele em que a parentalidade se dá *a partir da deficiência* é uma forma de compreender as reações das pessoas ao problema. Ainda, como reagem na condição de pais, podendo modificar padrões de vínculo e se ajustando às atipicidades do quadro.

Comecei essa conclusão citando que mesmo que a severidade do quadro limite altamente as possibilidades de expressão do bebê é possível que os pais reconheçam suas expressões. Seguindo o espírito da pesquisa, dedico o próximo capítulo à investigação deste aspecto, acrescentando as habilidades inatas do bebê à discussão.

3. Habilidades do bebê

A afirmação de que o bebê humano nasce prematuro, aquém de seu potencial e totalmente dependente de seu cuidador pode passar a falsa impressão de que este é um filhote estritamente passivo e, até a metade do século XX, essa era de fato a compreensão que se tinha. Talvez devido à sutileza de suas expressões ou à necessidade de recursos tecnológicos para observá-los apropriadamente, os cientistas consideravam os recém-nascidos incompletos, vindos ao mundo como uma folha em branco. Foi apenas com a drástica redução da mortalidade infantil que os bebês ganharam a devida atenção para receberem dos pediatras, na década de 1960, o reconhecimento de que as primeiras semanas de vida eram de fato importantes. Neste período, a observação de bebês já ocorria na psicanálise, sendo utilizada para explorar o papel do desenvolvimento infantil nas funções e disfunções psicológicas encontradas no adulto. Assim, as filmagens de bebês modificaram o que se sabia sobre seus curiosos recursos (Nagy, 2008).

O que pode um bebê

De fato, nossos bebês são mais indefesos que filhotes de macaco ou chimpanzé, mas dispõem de um conjunto maior de habilidades em comparação a filhotes de rato ou gato, por exemplo. Quando saudável, confortável e bem-assistido, um recém-nascido observado de perto já demonstra movimentos intencionalmente direcionados, percepção dirigida a pontos específicos, capacidade de discriminar pessoas conhecidas e de identificar expressões de afeto (Trevarthen, 2011).

Podem ainda agir de forma expressiva e altamente sensível à presença humana. Ainda que em desenvolvimento, alguns conjuntos de células de seu sistema nervoso concedem ao bebê a habilidade de imitar gestos e expressões faciais do cuidador (Golse & Amy, 2020). Desde o nascimento, demonstram preferência por rostos e vozes humanas em detrimento de outros objetos, assim como pelo cheiro e a face de suas mães. Ao contrário do que se pensava, este conjunto revela um bebê altamente interessado e apto para as relações sociais. Não apenas de maneira reativa, respondendo à interação de seus pais, mas também atraindo-os e iniciando trocas complexas muito antes de aprenderem a falar (Nagy, 2011).

De maneira descritiva, pesquisas atuais têm demonstrado o que um bebê típico é capaz de fazer. Logo nas primeiras semanas (Nagy, 2011; Trevarthen, 2011; Trevarthen et al., 2006):

- é capaz de direcionar a visão;
- pode mover os dedos, embora os movimentos voluntários surjam apenas na segunda metade do primeiro ano;
- é capaz de detectar se alguém o está olhando ou evitando, tendo preferência por interações em que há olhar dirigido a ele;
- prefere a voz da mãe à de estranhos;
- pode aprender e antecipar eventos;
- possui habilidades para evocar a presença do adulto, seja por movimentos específicos ou vocalizações;
- consegue estabelecer negociações com o adulto.

Aos seis meses, o bebê exibirá claras características singulares e autoconscientes como gestos específicos, excitação perto de familiares, timidez perto de estranhos e vergonha na interação com alguém que não aceite participar de seu jogo relacional. Aos nove meses, o desenvolvimento do controle postural (tronco e cabeça) permite maior movimentação dos membros, tornando o brincar mais complexo, assim como as interações. Sua capacidade de exploração do ambiente se expande largamente, assim como seu campo de visão quando começa a engatinhar. O início da marcha é o ponto em que seus olhos alcançam toda a amplitude do espaço de seu ambiente e seus membros, cada vez mais hábeis, são capazes de agarrar objetos cada vez menores e utilizá-los de maneiras cada vez mais específicas em relação à cultura no qual está inserido. Se seu contexto assim exige, aprenderá a manipular carrinhos, por exemplo, fazendo movimentos para frente e para a trás, encenando histórias e se desenvolvendo com elas (Nagy, 2011; Trevarthen, 2011; Trevarthen et al., 2006).

Assim, o que parte dos cientistas acredita atualmente é que o bebê nasce com habilidades suficientes para invocar, manter e sustentar relações com seu cuidador. Este é um filhote ativo que busca vivamente interagir com seus pais e, como destaquei no capítulo anterior, esta característica está relacionada à parentalidade e às exigências que o desenvolvimento humano impõem. Contudo, estas habilidades inatas dependem de condições favoráveis de gestação e desenvolvimento. É preciso que não haja anomalias genéticas, infecções, complicações no parto ou traumatismos após este. Caso ocorram, os recursos disponíveis para o bebê interagir com seu cuidador podem ser limitados.

No caso de uma de uma deficiência física congênita surgem duas questões: a falta de recursos motores impactaria o apetite do bebê por interações? Limitações na interação poderiam afetar a parentalidade? São essas perguntas que nortearam minha pesquisa, as quais apresentarei algumas possibilidades de resposta aqui.

Envolvimento e recursos do bebê com deficiência física

O primeiro resultado a ser considerado é o nível de desenvolvimento apresentado pelos bebês da pesquisa. Aqueles sem deficiência atingiram os níveis de desenvolvimento esperados para sua faixa etária em todos os domínios avaliados. Já aqueles com deficiência demonstraram leves dificuldades em comunicação, resolução de problemas, recursos pessoais e sociais, mas prejuízos graves na coordenação motora grossa e fina, como esperado considerando a especificidade do quadro.

Em vários momentos da entrevista surgiram falas que evidenciaram estas habilidades no cotidiano das famílias: como os bebês olhavam com carinho, sorriam e abriam os braços quando os pais chegavam perto. Entretanto, quando comparados ambos os grupos, aquele dos bebês com deficiência física falou menos sobre este tópico em relação ao grupo sem deficiência. Vale ressaltar que me refiro aqui a falas sobre os recursos do bebê e não sobre alterações anatômicas e funcionais próprias da deficiência. Destaco algumas delas:

> *Cara, ele é um pouco preguiçoso, sabe? Como ele não fica sentado, pra ele brincar ainda é um pouquinho ruim... e agora ele tá querendo ficar em pé, ele tá querendo passar dessa fase de... quer pular essa fase de sentado (nº 1).*

> *Ele me conhece, quando eu chego ele já quer ir pros meus braços, eu já dou o braço. Só de ouvir a voz ele já sabe que sou eu... (nº 2).*

> *Ele ainda tá com os movimentos muito bruscos, então: "Filho, não faz assim. Filho, não puxa meu cabelo. Filho!" Então, às vezes, tem esses pequenos estresse assim (nº 3).*

> *Ela gosta de conversar, então ela... fica falando, ela fica dando risada (nº 7).*

> *A gente faz tudo, a gente brinca, eu fico com ela, ela ri, ela faz tudo, comigo (nº 10).*

De maneira geral, mesmo com prejuízos no desenvolvimento que impactam as habilidades destes bebês, as trocas relatadas parecem típicas e próprias de qualquer situação em que a deficiência não se fizesse presente, exceto pela primeira, a qual discutirei mais adiante. Por hora é preciso apontar que os relatos apresentados são condizentes com os resultados do nível de envolvimento do bebê. Este é avaliado por meio de seu olhar dirigido ao cuidador, atenção compartilhada (quando o bebê aponta e inclui o cuidador na interação), afeto positivo, estado de alerta, iniciativa, vocalizações, uso competente do ambiente e brincar criativo. Os níveis médios de envolvimento dos participantes de ambos os grupos da pesquisa foram semelhantes, ainda que uma observação pormenorizada revele alguns bebês com resultados bastante inferiores neste quesito – o pai da díade nº 1, mencionado, é um destes.

Ao verificar se os bebês com maior desenvolvimento apresentavam maior envolvimento o resultado foi bastante claro: independentemente do grupo, não houve diferença. Isto quer dizer que aqueles com mais recursos demonstraram tanto envolvimento quanto aqueles com menos.

Observando os vídeos, a afirmação se torna ainda mais contundente, pois, mesmo os bebês mais comprometidos que permaneciam praticamente imóveis, ou aqueles com uma frequência intensa de movimentos desordenados, apresentavam um olhar que buscava os olhos do cuidador. As expressões faciais foram outro recurso observado para a interação, de modo que se alteravam de acordo com a resposta do genitor. Neste ponto, as vocalizações tiveram também um papel interessante: mesmo que pouco frequente e expressiva, a emissão de sons muitas vezes substituía o movimento e encadeava uma nova troca com o cuidador.

Deste modo, é preciso deixar clara a diferença entre o interesse do bebê pela interação (seu apetite pela interlocução com o adulto) e os recursos que dispõe para tal. Exceto por condições específicas, como se observa no autismo, por exemplo, o envolvimento não é necessariamente comprometido na deficiência física, mas sim os meios pelos quais esses bebês se expressam e interagem. Do ponto de vista do bebê, este irá utilizar tudo que estiver a sua disposição como o olhar, as expressões faciais e a vocalização. Em comparação a um bebê típico, suas dificuldades podem ser maiores, pois o arsenal de habilidades disponíveis é menor. Por este motivo, do ponto de vista do cuidador, o esforço é dobrado: é preciso atenção às expressões mais sutis e aprendizagem de padrões de interação pouco típicos e inesperados.

Expectativas parentais acerca das habilidades do bebê com deficiência

Retornando ao pai da díade nº 1, este afirma que o fato do bebê não ficar sentado dificulta o brincar. Este dado, somado à dificuldade afirmada por estes cuidadores de brincar com o filho de "faz de conta" e à afirmação de que seu comportamento é confuso a ponto de dificultar a interpretação, demonstram as expectativas desses pais acerca do que pode o bebê. No exemplo apresentado, parece haver uma suposição do que é brincar com um bebê e quais são os papeis de cada um ao longo da atividade. Encontra-se aqui a função das informações genéricas, norteadoras quando os pais ainda estão se habituando ao bebê real e organizando sua parentalidade. No exemplo, quando há uma deficiência física e as habilidades convencionais são afetadas, se nota que, ao invés de modificar e adequar o que supõe sobre o bebê e a sua brincadeira, o pai sustenta o saber genérico, o que acaba por tornar o brincar *"um pouquinho ruim"*. O estudo das expectativas parentais é fundamental para compreender a parentalidade destes bebês e foi justamente a expectativa com relação ao tratamento uma das questões que fiz aos pais participantes da pesquisa, a qual gostaria de apresentar algumas respostas:

Que ele possa fazer o que toda criança faz. Correr e... É isso que a gente espera (nº 1).

Ah... que ele vai ser um menino saudável, se Deus quiser andando, brincando, rindo, como se fosse uma criança normal. Sei que vai demorar um pouco, né? (nº 2).

Eu acho que... Tem uma probabilidade dele conseguir viver bem. Dele superar as dificuldades dele, que vão haver dificuldades, mas acho que ele vai conseguir superar... Ele vai... acho que ele tem uma... Uma probabilidade de... de... conseguir entender e trabalhar com isso e conviver bem com isso (nº 3).

Espero ele melhorar muito mais. Espero uma ótima melhora. Muito mais (nº 4).

A expectativa é que cada, cada, semana ele melhore, né? Como já tem acontecido desde quando ele começou... A agenda dele é até

2024, eu acredito que ele vá, é... Ter resultado antes. Acredito que antes (nº 5).

Tem tantas... Mas a... A que eu mais tenho expectativa é que ele ande, que ele consiga fazer as coisas normais (nº 6).

Eu acredito muito que ela... Vá... Ah... Assim, eu acho que teve essa dificuldade... Mas... E... E o processo dela... É lento, mas eu acredito que ela vá... ter uma vida... Assim, vamos dizer, normal, né? Com um pouco de dificuldade, um pouco mais devagar que as outras crianças, né? Mas eu acredito que ela vá... conseguir... ter todos os movimentos (nº 7).

Ah, imagino a cirurgia... A órtese a princípio porque eu sei que ela vai querer andar porque ela é muito agitada, ela já quer se levantar sozinha, mas eu creio que ela vá conseguir fazer o alongamento, futuramente andar, normalmente (nº 8).

Que ele evolua bastante, que ele possa andar, falar, se desenvolver bem (nº 9).

Ah, minha expectativa é que... ela... não precise ficar até o final do tratamento, né? Porque como ela, graças a Deus, tá com muito desenvolvimento, ela desenvolve muito bem, graças a Deus... Então minha expectativa é... que o tratamento dela vá até julho do ano que vem. Eu espero que não fique esse tempo todo, que tenha alta logo (nº 10).

A presença de uma concepção de normalidade se destaca nesses pais. Na esteira do que vinha afirmando, parece que o primeiro movimento é insistir no reajuste em relação a um estado ideal (o bebê genérico). Os pais nº 1, 2, 6, 7 e 8 afirmam que sua expectativa é que o bebê se torne "normal" e que seus movimentos sejam "como os das outras crianças". Incluo nessa categoria as díades nº 5 e 10 que, ainda que não mencionem seu desejo pela normalidade do filho, admitem uma urgência para ver melhoras. Talvez haja a ideia de que os problemas são mínimos e, com o tratamento, rapidamente o bebê voltaria a se aproximar daquilo que esperavam, ou mesmo que o tratamento possui um efeito mágico que poderia reverter completamente o quadro. Diferente são as mães nº 4, 9 e, principalmente, 3, que reconhecem a existência de uma situação atípica e esperam por uma melhora dentro dos parâmetros do próprio bebê. Beatrice Wright (1960), psicóloga de importância história para os estudos da deficiência física, explica a diferença entre os dois tipos de expectativa encontrados. No primeiro, aquilo que a pessoa com deficiência realiza é julgado a partir da comparação a um padrão de características obrigatórias. Já no segundo, o julgamento é feito a partir da qualidade inerente da ação, isto é, não há comparações externas, sendo a ação considerada por si só. O exemplo oferecido pela autora é explicativo: os primeiros passos de um bebê só são comemorados quando não comparados ao padrão: *genericamente*, todos dão os primeiros passos, logo, nesse caso, o bebê não está fazendo nada além do esperado. Apenas quando comparado consigo próprio, sua história, suas capacidades e conquistas, os primeiros passos de um bebê se tornam extraordinários. Deste modo, quando comparadas à norma geral, as habilidades dos bebês com deficiência perdem seu valor e o desempenho nas atividades, como o brincar, é visto como falho.

Se a parentalidade é calcada nas pistas visuais e na sensibilidade do cuidador para interpretá-las, as habilidades dos bebês com deficiência física devem ser vistas a partir desta condição. Dado que expectativas como as observadas auxiliam na leitura e interpretação dos comportamentos do filho, avanço para os próximos resultados.

Efeitos da severidade da deficiência na parentalidade

Ao analisar se os bebês com deficiências mais graves tinham pais com menor qualidade de parentalidade o resultado foi claramente negativo. Em ambos os grupos, os bebês com menos recursos tiveram pais com o mesmo nível de parentalidade que os com mais recursos. Contudo, os bebês com deficiência que demonstraram menor envolvimento foram aqueles cujos pais tinham mais interesse e curiosidade sobre seu mundo interno e mais certeza sobre suas suposições. Uma pesquisa semelhante foi realizada por Dieleman e colaboradores (2021), avaliando pais de crianças com deficiência física ao longo do tempo. Nesta, observaram que os pais eram mais suportivos e afetuosos nos dias em que supunham que a criança estava retraída, ansiosa ou deprimida. Entretanto, quando seu comportamento era mais ativo, também aumentavam a interação e eram mais empáticos. De maneira instigante, verificaram que nos dias em que os pais se sentiam mais frustrados com as dificuldades motoras da criança, supunham que esta estava com raiva e desobediente e assim exerciam uma parentalidade controladora.

Desta forma, para os pais da minha pesquisa, não foi a falta de recursos do bebê que afetou a parentalidade, mas a falta de envolvimento, apesar das dificuldades presentes. A pista que fez com houvesse variação na parentalidade não foi um padrão físico ou motor atípico, mas a falta inesperada de olhar dirigido, vocalizações, iniciativa, brincar criativo etc. O resultado dessa diminuição foi um aumento do interesse pelo que o bebê está pensando, sentindo ou buscando, mas a certeza sobre aquilo que supunham também aumentou. Vejo aqui algo semelhante à pesquisa dos colegas que falam de uma parentalidade mais controladora quando o bebê está menos responsivo. Explico: se os pais não encontram expressões no bebê que lhe deem alguma informação sobre seu estado, se está contente ou entediado, por exemplo, precisam recorrer a outra fonte que lhes resta: seus próprios pensamentos e sentimentos. Neste caso, precisam se apoiar mais em suas suposições, acreditando que de fato estas representam as vontades e os interesses reais do bebê. Quanto maior a certeza, menos espaço há para a dúvida e as interações podem se tornar pautadas no cuidador ao invés de no ritmo estabelecido entre a díade.

Afirmei anteriormente que as falas dos pais denotavam uma parentalidade típica, de modo que os prejuízos motores não pareciam afetar sua capacidade, o que é coerente com os demais resultados encontrados. Propus também que estes pais poderiam ler os comportamentos do bebê a partir do julgamento da normalidade e que isto poderia se tornar um problema. Citando novamente o pai nº 1, como um representante dos pais que aumentam suas certezas em função do pouco envolvimento do bebê, tais certezas podem ser alimentadas pelo saber genérico, o que explicaria o fato do brincar se tornar mais difícil devido à falta de habilidades do filho, como dito. Se esta articulação estiver correta, a dificuldade dos pais de brincar de faz de conta e de interpretar os comportamentos do filho por estes serem confusos estaria relacionada a casos em que o bebê é menos responsivo, restando aos pais recorrerem a suas próprias fontes, permeadas pela imagem de um bebê imaginado, genérico e idealmente normal. Com isso, insisto que os prejuízos motores e funcionais em si não parecem ser uma ameaça à parentalidade, mas sim sua percepção pelos pais.

Nesse momento, sofrimento parental, parentalidade e habilidades do bebê não podem mais ser vistos de maneira dissociada. Proponho assim uma articulação para retomar e rearranjar os diferentes pontos da discussão realizada até aqui com o objetivo de tornar a análise integral e mais próxima do que ocorre no cotidiano das famílias.

Contratempos da sintonia afetiva

Para realizar tal articulação recorro ao conceito de sintonia afetiva de Daniel Stern (1992), psicanalista que contribuiu largamente para a compreensão da parentalidade e do desenvolvimento infantil. O autor possui uma visão particular da *sincronia comportamental* observada entre o cuidador e seu bebê, a qual defende que não se trata de um simples espelhamento ou empatia – ambos processos relacionados à cognição. Contrariamente, Stern aponta para eventos não-conscientes, quase automáticos, descrevendo a sincronia como "sintonia": uma transação afetiva que acrescenta algo ainda não existente ou que não estava presente, propiciando uma modificação. Recupero um exemplo do próprio autor para explicar.

> Um menino de oito meses e meio tenta alcançar um brinquedo quase fora de alcance. Silenciosamente, ele se estica em direção ao brinquedo, inclinando-se e estendendo os braços e dedos de modo completo. Quando está quase alcançando o brinquedo, ele tensiona o corpo para conseguir os centímetros extras que necessita

para alcançá-lo. Neste momento, sua mãe diz: "uuuuuh... uuuuuh!" com um esforço vocal que vai num crescendo, a expiração do ar empurrando o torso tenso da mãe. O esforço acelerador vocal-respiratório da mãe equipara-se ao esforço físico acelerador do bebê (p. 125).

Sua proposta considera três requisitos para que a sintonia ocorra. Estes podem ser entendidos como turnos em um jogo cujo lance de um depende do lance anterior do outro. No primeiro, é preciso que o cuidador "leia" o sentimento do bebê a partir de seu comportamento manifesto, ou seja, possua a capacidade de supor uma intenção e uma emoção subjacente ao que é observável. O segundo é que o cuidador deva realizar uma ação que não seja uma imitação exata, mas que corresponda, analogamente, ao comportamento manifesto apresentado originalmente. É importante que o canal de expressão do cuidador seja diferente do usado pelo bebê, e que a ação do cuidador remodele a da criança, trazendo à tona a intenção que estava subjacente ao comportamento. No exemplo anterior, o canal do bebê é o movimento, tensionando o corpo para superar os últimos centímetros que o separam de seu objeto de interesse, o brinquedo. O canal da mãe é a voz, que se tensiona igualmente. Com sua vocalização, ela não apenas se conecta à criança, mas também legitima sua intenção de alcançar o brinquedo e lhe fornece um esforço extra. Por fim, o terceiro requisito, turno ou jogada é que o bebê perceba a resposta do cuidador como uma ação análoga à sua. É preciso que a resposta da mãe esteja totalmente sintonizada para que entenda a expressão como relacionada a sua. Assim, tal ação tem um efeito: a voz da mãe se reúne ao esforço da criança que finalmente alcança o brinquedo. Nesse caso, a expressão verbal da mãe foi adicionada à interação, assim como, uma intencionalidade foi associada ao movimento. Não se trata mais de uma ação motora aleatória, mas a expressão do desejo pelo brinquedo, talvez o sinal de uma personalidade determinada ou qualquer outra interpretação que possa ser atribuída.

Apresento a seguir um modelo esquemático para facilitar a visualização e compreensão do conceito.

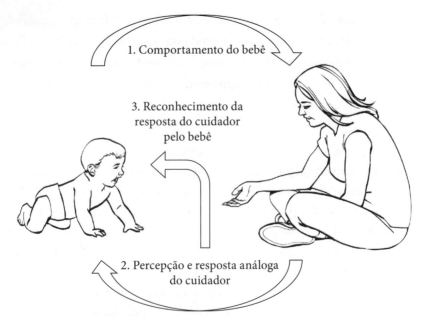

Figura 3.1 Modelo de interação da sintonia afetiva.

Fonte: Arte produzida por Lucas Torquato exclusivamente para este livro.

Reforço a distinção entre a capacidade de ter empatia pelo bebê, meramente imitar seus movimentos e a sintonia afetiva. Ao falar de sincronia comportamental se pressupõe que, a cada interação, a postura, o toque e o movimento de um se ajuste à postura, o toque e o movimento do outro. Stern enfatiza que este processo ocorre sem ser percebido. Pode haver uma intenção consciente desejada, mas a ação realizada se dá de maneira não-consciente. Tal capacidade é possível devido à tendência automática de, ao observar o outro, transpor características externas em qualidades afetivas. Por exemplo, ao observar alguém que movimenta os braços continuamente de maneira rápida e com o punho fechado, pode ser interpretado que se trata de nervosismo. De maneira oposta, o deslocamento lento de alguém cabisbaixo pode ser entendido como tristeza. Claramente, a cultura possui um papel importante na definição de quais comportamentos são significativos para indicar determinados sentimentos e no estabelecimento de correlações entre ambos. Isto é, a posição das sobrancelhas pode ser útil para identificar alegria, mas a posição dos pés não. Por este motivo, alguns sinais podem ser simplesmente ignorados por não fazerem parte daquilo que é esperado.

No modelo de Stern, essa sincronia modifica e propicia novos arranjos e capacidades. Como apresentei no Capítulo 2, estas trocas são experiências ambientais enriquecedoras que levam ao desenvolvimento motor, cognitivo e afetivo. Sua sistematização pode parecer complexa, mas, como dito, no cotidiano familiar mal são notadas, e ainda bem! São os cientistas que devem se ocupar dos detalhes técnicos para encontrar respostas aos problemas que a sociedade enfrenta, ficando a cargo dos pais a deliciosa tarefa de simplesmente viver estes momentos únicos com seu filho.

Aplicando o modelo de Stern aos dados da pesquisa, é possível localizar sinais que podem impactar a parentalidade em cada um dos três momentos da sintonia afetiva. A partir dos resultados menos favoráveis e das relações entre sofrimento parental, parentalidade e habilidades do bebê, proponho uma discussão sobre possíveis efeitos no interjogo da díade.

1. Comportamento do bebê

Os dados mostraram que os bebês dessa pesquisa possuíam dificuldades em todos os domínios do desenvolvimento, mais especificamente na coordenação motora grossa e fina. Entretanto, seu envolvimento se manteve, manifestando-se por meio do olhar, expressões faciais e vocalizações, ainda que não necessariamente claras. Por este motivo, considerei que a deficiência física não pareceu afetar diretamente o engajamento do bebê, não comprometendo o primeiro momento da sintonia afetiva.

Isto não significa que todos os bebês tiveram altos níveis de envolvimento, pois 30% apresentou comprometimentos, o que poderia apontar para alguma proporção. Mais especificamente, as dificuldades se centraram na atenção compartilhada, vocalização e exploração competente do ambiente. A causa de tais dificuldades não pode ser objetivamente compreendida no âmbito deste livro e com os recursos que a pesquisa dispunha, mas sua ocorrência deve ser atentada na medida em que a falta de engajamento pode afetar a parentalidade. Se o bebê explora e vocaliza pouco e/ou se não inclui o adulto naquilo que lhe interessa, a possibilidade de se iniciar uma interação é menor, pois o primeiro movimento da sintonia afetiva não ocorre, ou ocorre de maneira sutil a ponto de não desencadear o interjogo relacional.

2. Percepção e resposta análoga do cuidador

Este se mostrou o momento potencialmente mais sensível da sintonia afetiva para pais de bebês com deficiência física. De maneira geral, existem complicações que podem vir a afetar mesmo os pais mais disponíveis à parentalidade. A primeira se refere a atipicidade das expressões do bebê. Uma vez que sua anatomia e padrões de movimento podem diferir do bebê típico, o conhecimento genérico pouco ajuda, tornando sua compreensão muitas vezes difícil. Esta dificuldade pode ser agravada nos primeiros meses após o nascimento, principalmente se a detecção da deficiência foi recente. Neste período, a condição emocional dos pais é delicada, se esperam reações emocionais e um período de elaboração e adaptação que os tornam mais voltados a suas próprias questões e menos ao bebê. Não quero dizer que os pais deixem de lhe prestar os cuidados básicos, mas que podem ficar restritos à satisfação das necessidades sem que haja uma interação que considere o bebê um potencial parceiro inter-relacional provido de intenções e vontades singulares. Assim, indisponibilidade emocional é a segunda complicação apontada. A terceira se refere aos atravessamentos das necessidades específicas da deficiência física no cotidiano: a dedicação exclusiva dos pais (ou apenas de um deles), a necessidade da ajuda de terceiros, o imperativo de tratamento contínuo e as fisioterapias caseiras. Com estas demandas, o cotidiano pode se burocratizar, assim como pode restar pouca disponibilidade para momentos voltados apenas ao lazer e à ludicidade, seja pela falta de tempo, de força física ou pelo cansaço devido à sobrecarga da rotina – tanto do bebê quanto dos pais.

Estes três itens podem ser expressos em sinais práticos como tensão na interação cuidador-bebê e constrição dos movimentos. Trata-se de situações em que a ligação com o bebê é prejudicada e não há sintonia. O exemplo dos pais que balançavam constantemente seus filhos é ilustrativo, pois a resposta não era análoga a uma expressão produzida pelo bebê. É possível que o comportamento que deu início essa interação tenha ocorrido anteriormente, mas cessou. Por exemplo, o bebê chora e a mãe começa a balança-lo. No entanto, mesmo após se acalmar, a mãe prossegue balançando-o. Dessa forma, o balançar está a serviço de algo que não é a expressão do bebê. O comportamento de um não se ajusta ao do outro e, do ponto de vista do bebê, o que é adicionado não lhe diz respeito. Isto ocorre devido ao bebê não estar participando como um parceiro potencial neste momento, mas como um objeto que atende a alguma necessidade de quem o balança.

Novamente, 30% dos pais da pesquisa se encaixam neste perfil, presente apenas no grupo dos bebês com deficiência física. De acordo com a classificação de Stern, estes estão na categoria *má-sintonia proposital*,[1] em que o cuidador responde sobre ou sub-reagindo à intensidade, ritmo e/ou forma do comportamento do bebê, levando a um aumento ou diminuição do nível de atividade ou afeto presente. Explico: o cuidador responde ao bebê, que é alvo das expectativas parentais, independentemente de quais sejam estas; a direção da resposta pode ser precisa, mas, fora de sintonia, acaba por ser branda ou exagerada. Ainda que não haja confluência entre o que o bebê requer e o que o cuidador apresenta, esta interação não é suficiente para afetar negativamente o desenvolvimento. Esse pode ser um motivo pelo qual a parentalidade foi a mesma para os bebês com maior ou menor desenvolvimento, pois, mesmo com prejuízos, algumas condições básicas se mantiveram. Diferente seria se houvesse *má-sintonia verdadeira*, em que o cuidador não responde adequadamente ao bebê, seja por ser incapaz de encontrar em si mesmo o estado interno análogo, seja por não identificar corretamente a intenção do filho e, com isso, a sintonia não ocorre e o desenvolvimento é prejudicado.

3. Reconhecimento da resposta do cuidador pelo bebê

Os recursos para avaliar se o bebê reconhece a resposta dada como análoga à sua são mais limitados em relação aos demais. Na pesquisa, sua avaliação se deu pela reciprocidade entre a díade, analisada pelo nível de adaptação e regulação entre ambos e a fluência da interação. Os resultados mostraram que as díades apresentam níveis semelhantes de reciprocidade independentemente de ter ou não deficiência. É possível encontrar em 30% dos participantes do grupo com deficiência valores menores e que trazem preocupação, mas os demais demonstraram bebês que identificam a resposta do cuidador sem prejuízos no inter-jogo relacional.

---

1 "Proposital" aqui faz menção a uma intenção não-consciente, isto é, ainda que racionalmente se busque o oposto, no momento da interação, por algum motivo, a resposta que se faz presente não vai ao encontro à do bebê.

Vale apontar que o sofrimento parental e o tempo transcorrido após a notícia do diagnóstico impactaram a reciprocidade destes bebês, mas, como estes são aspectos do cuidador e não especificamente do modo pelo qual o bebê percebe sua resposta, não apontarei condições que afetem essa capacidade, pois nenhuma se destacou propriamente.

A seguir reapresento o modelo esquemático da sintonia afetiva (Figura 3.2), dessa vez apontando as condições que podem afetá-la.

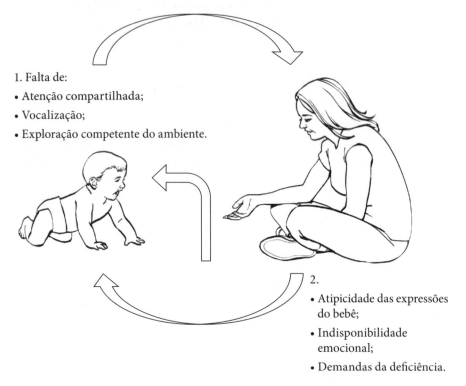

Figura 3.2 Condições que podem dificultar a sintonia afetiva de acordo com cada momento.

Fonte: Arte produzida por Lucas Torquato exclusivamente para este livro.

Para concluir...

As habilidades do bebê, por muito tempo subestimadas, são uma peça fundamental da parentalidade. É o bebê quem fornece os estímulos que disparam as interações cotidianas e as mantêm. Ao contrário do que se pode supor, mesmo os bebês com grandes limitações motoras possuem habilidades complexas de interação e, da mesma forma que um bebê típico, buscam e anseiam por um interlocutor. Neste aspecto, é interessante observar os arranjos que estes bebês encontram para expressar suas intenções, como o direcionamento do olhar e as vocalizações. Contudo, quanto mais distantes do convencional, mas requerem um cuidador sensível, atento e disponível para compreender o bebê e entrar em sintonia com ele. O fato de a pesquisa ter sido realizada em um momento próximo ao esclarecimento do diagnóstico pode explicar o fato de terem sido encontradas dificuldades como a constrição, o que acredito que sejam mitigadas conforme os pais se adaptam ao bebê e elaboram a existência da deficiência e suas consequências. Em todo o caso, outras pesquisas são necessárias para avaliar os recursos dos bebês com deficiência física nos diferentes momentos da parentalidade.

Considerações finais

Comecei com uma pergunta e com ela encerro: seria a parentalidade afetada por um diagnóstico de deficiência física do bebê? Após quatro anos de pesquisa minha resposta é: *sim, em algumas situações*. Evidentemente esta não é uma resposta categórica ou definitiva. Cheia de ressalvas, reflete a novidade do assunto e a necessidade de mais pesquisas. Entretanto, assim trabalha a ciência: primeiro é necessário conhecer o campo e delimitar seu perímetro, para que os próximos possam construir e sedimentar um conhecimento confiável e aplicável. Acredito que pude explorar de maneira ampla a parentalidade destes bebês, assim como apontar detalhes e sugerir algumas explicações para os fenômenos observados.

Deste modo, contrário ao que supunha antes de iniciar a pesquisa, "*em algumas condições*" significa que não considero a deficiência física um fator de risco para a parentalidade, ainda que algumas situações possam trazer dificuldades a estes pais. Mostrar sistematicamente que a deficiência física é menos devastadora do que muitos estudos sugerem tem ao menos duas vantagens. A primeira é a possibilidade de começar a dimensionar a quantidade de recursos necessários para atender estas famílias. Se todas precisassem de atendimento seríamos poucos psicólogos frente ao número tão grande de pacientes! Contudo, se apenas uma parcela demonstra dificuldades que requerem nosso trabalho, é possível alocar recursos financeiros e profissionais para garantir que cada um desses seja assistido em tempo hábil. A segunda é a oportunidade de fazer avançar a discussão no sentido de olhar menos para a deficiência física em si e mais para as interpretações individuais que os pais a ela atribuem. Ao longo do livro a subjetividade dos pais se destacou na forma como imaginam o bebê antes do nascimento, como lidam com o que realmente se apresenta, como reagem à notícia da deficiência, como se adaptam interna e externamente as suas necessidades específicas, como administram, ao mesmo tempo, demandas pessoais e demandas do bebê e como percebem, interpretam e reagem ao seu comportamento. Como já afirmava Bowlby (1989), pioneiro no estudo da parentalidade:

> *Existem, certamente, muitas provas clínicas de que o sentimento e o comportamento da mãe em relação a seu bebê são também profundamente influenciados por suas experiências pessoais prévias, especialmente as que teve e talvez ainda esteja tendo, com seus próprios pais; e, embora a prova dessa influência em relação às atitudes do pai sejam menos abundantes, as que dispomos nos dirigem claramente para a mesma conclusão (p. 29).*

Destacar a incidência dos fatores pessoais dos pais na parentalidade não tem como objetivo aumentar o peso de uma carga que já é pesada. Do contrário, não advogo em favor de pais idealmente resolvidos e que não tenham conflitos, pois isso é desnecessário e impossível, mas defendo a necessidade de prestar atenção aos aspectos psicológicos da mesma forma como é feito com os aspectos orgânicos e físicos. Explico. A deficiência física do bebê pode exigir excessivamente dos recursos dos pais que nem sempre estarão dispostos para tanto. Esta é uma condição humana e esperada – não há nada de errado ou patológico nisso. Assim, estar atento à saúde, à alimentação e ao sono, é tão necessário quanto atentar aos próprios sentimentos, às necessidades internas do bebê e à qualidade da relação que é estabelecida com ele. As interações entre cuidador e bebê podem revelar sinais importantes de que algo não vai bem e a procura por ajuda nesse momento faz toda diferença.

Uma vez que problemas são detectados, a atuação do psicólogo é vital. Sua intervenção deve preconizar condições favoráveis ao desenvolvimento do bebê, fortalecendo os cuidadores para minimizar os impactos na parentalidade.

O profissional deve permitir aos pais lidarem com o choque e a adaptação à deficiência e não pode negligenciar os efeitos da religiosidade e da apropriação do saber médico ao longo deste processo. Garantir boas condições a estes pais aumenta as chances do bebê alcançar o máximo do potencial de seu desenvolvimento. Mesmo que não possa reverter a deficiência física, esta é uma forma de reduzir suas consequências deletérias.

Por sua vez, quando não se encontram problemas significativos, o resultado é semelhante ao das descrições apresentadas nas falas dos pais da pesquisa: situações cotidianas que mesclam risadas e dificuldades práticas, brincadeiras e atendimentos médicos. Esta não é a rotina ideal ao bebê, é uma condição excepcional que deve ser prevenida e melhorada tanto quanto for possível. Entretanto, também é verdade que não se trata de uma situação fatalista ou muito mais penosa do que outros quadros médicos da infância ou mesmo circunstâncias urbanas desfavoráveis às quais muitas famílias estão submetidas. Não há nada de excepcional na deficiência física e não há razão para considerá-la mais ou menos importante do que originalmente é: o prejuízo de uma estrutura ou função do corpo com consequências práticas que podem ser mitigadas. Considero que o principal objetivo para a garantia de melhores condições de parentalidade quando há uma deficiência física no bebê é converter a superstição da deficiência em uma experiência genuína de parentalidade, devolvendo a estes pais o fascínio pelas brincadeiras infantis, o encanto pela troca de olhares com o filho e o deslumbre por cada um de seus movimentos.

Referências

Abraham, E., & Feldman, R. (2018). The neurobiology of human allomaternal care; Implications for fathering, coparenting, and children's social development. *Physiology & Behaviour, 193*(Part A), 25-34. doi: 10.1016/j.physbeh.2017.12.034

Ajuriaguerra, J. (1983). *Manual de psiquiatria infantil.* São Paulo: Masson Atheneu.

Al-Gamal, E., & Long, T. (2013). Psychological distress and perceived support among Jordanian parents living with a child with cerebral palsy: A cross-sectional study. *Scandinavian Journal of Caring Sciences, 27*(3), 624-631.

Alaee, N., Shahboulaghi, F. M., Khankeh, H., & Kermanshahi, S. M. K. (2015). Psychosocial challenges for parents of children with cerebral palsy: A qualitative study. *Journal of Child and Family Studies, 24*(7), 2147-2154. doi:10.1007/s10826-014-0016-3

Alves, G. M. A. N. (2015). *Indicadores de estresse, ansiedade e depressão de mães de bebês com risco ao desenvolvimento* [Dissertação de Mestrado]. Universidade Estadual Paulista "Júlio de Mesquita Filho", Bauru.

Amaral, L. A. (1995). *Conhecendo a deficiência (em companhia de Hércules).* São Paulo: Robe Editorial.

Amaral, L. A. (1996). Algumas reflexões sobre a (r)evolução do conceito de deficiência. In C. Goyos, M. A. Almeida, & D. G. Souza (Orgs.). *Temas em educação especial* (pp. 99-105). São Paulo: Via Lettera.

Amaral, L. A. (1997). Intervenção "extra-muros": Resgatar e prevenir. In E. A. F. S. Masini et al. (Orgs.). *Deficiência: Alternativas de intervenção* (pp. 127-159). São Paulo: Casa do Psicólogo.

Amaral, L. A. (1998). Sobre crocodilos e avestruzes: Falando de diferenças físicas, preconceitos e sua superação. In J. G. Aquino (Org). *Diferenças e preconceito na escola: Alternativas teóricas e práticas* (pp. 11-30). São Paulo: Summus.

Andrade, M. B., Vieira, S. S., & Dupas, G. (2011). Paralisia cerebral: Estudo sobre o enfrentamento familiar. *REME – Revista Mineira de Enfermagem, 15*(1), 86-96.

Barbosa, M. A. M., Balieiro, M. M. F. G., & Pettengill, M. A. M. (2012). Cuidado centrado na família no contexto da criança com deficiência e sua família: Uma análise reflexiva. *Texto & Contexto – Enfermagem, 21*(1), 194-199. doi:10.1590/S0104-07072012000100022

Baird, G., McConachie, H., & Scrutton, D. (2000). Parents' perceptions of disclosure of the diagnosis of cerebral palsy. *Archives of Disease in Childhood, 83*(6), 475-480. doi:10.1136/adc.83.6.475

Barfoot, J., Meredith, P., Ziviani, J., & Whittingham, K. (2017). Parent-child interactions and children with cerebral palsy: An exploratory study investigating emotional availability, functional ability, and parent distress. *Child: Care, Health and Development, 43*(6), 812-822. doi:10.1111/cch.12493

Barreto, T. M., Bento, M. N., Barreto, T. M., Jagersbacher, J. G., Jones, N. S., Lucena, R., & Bandeira, I. D. (2019). Prevalence of depression, anxiety, and substance-related disorders in parents of children with cerebral palsy: A systematic review. *Developmental Medicine & Child Neurology, 62*(2), 163-168. doi: 10.1111/dmcn.14321

Barnett, D., Clements, M., Kaplan-Estrin, M., & Fialka, J. (2003). Building new dreams: Supporting parents' adaptation to their child with special needs. *Infants and Young Children, 16*(3), 184-200.

Battikha, E. C. (2008). A inscrição do estranho no familiar. In M. C. M. Kupfer, & D. Teperman (Orgs.). *O que os bebês provocam nos psicanalistas* (pp. 135-145). São Paulo: Escuta.

Battikha, E. C., Faria, M. C. C., & Kopelman, B. I. (2007). As representações maternas acerca do bebê que nasce com doenças orgânicas graves. *Psicologia: Teoria e Pesquisa, 23*(1), 17-24. doi:10.1590/S0102-37722007000100003

Bernardino, L. M. F. (2007). A contribuição da psicanálise para a atuação no campo da educação especial. *Estilos da Clínica, 12*(22), 48-67.

Berman, M. G., Peltier, S., Nee, D. E., Kross, E., Deldin, P. J., & Jonides, J. (2011). Depression, rumination and the default network. *Social Cognitive and Affective Neuroscience, 6*(5), 548-555.

Bemister, T. B., Brooks, B. L., Dyck, R. H., & Kirton, A. (2014). Parent and family impact of raising a child with perinatal stroke. *BMC Pediatrics, 14*(182), 1-11. doi: 10.1186/1471-2431-14-182

Bemister, T. B., Brooks, B. L., Dyck, R. H., & Kirton, A. (2015). Predictors of caregiver depression and family functioning after perinatal stroke. *BMC Pediatrics, 15*(75), 1-11. doi: 10.1186/s12887-015-0397-5

Bowlby, J. (1989). *Uma base segura. Aplicações clínicas da teoria do apego.* Porto Alegre: Artes Médicas.

Brasil. (2015). Lei nº 13.146, de 6 de julho de 2015. Institui a Lei Brasileira de Inclusão da Pessoa com Deficiência (Estatuto da Pessoa com Deficiência). *Diário Oficial da União*, Brasília, DF, 7 jul. 2015. Recuperado de http://www.planalto.gov.br/ccivil_03/_ato2015-2018/2015/lei/l13146.htm

Cardoso, D., Fernandes, E., Novo, A. L., & Kupfer, M. C. M. (2012). O IRDI como facilitador das intervenções terapêuticas em um centro de reabilitação física infantil. In M. C. M Kupfer, L. M. F. Bernardino, & R. M. M. Mariotto (Orgs.). *Metodologia IRDI: Uma ação de prevenção na primeira infância* (pp. 95-108). São Paulo: Escuta.

Cipriano, M. A. B., & Queiroz, M. V. O. (2008). Cuidado com a criança portadora de mielomeningocele: Vivência da família. *Revista da Rede de Enfermagem do Nordeste, 9*(4), 72-81.

Cooke, D., Priddis, L., Luyten, P., Kendall, G., & Cavanagh, R. (2017). Paternal and maternal reflective functioning in the Western Australian Peel child health study. *Infant Mental Health Journal, 38*(5), 561-574. doi: 10.1002/imhj.21664

Dieleman, L. M., Soenens, B., Prinzie, P., De Clercq, L., Ortibus, E., & De Pauw, S. (2021). Daily parenting of children with cerebral palsy: The role of daily child behavior, parents' daily psychological needs, and mindful parenting. *Development and Psychopathology, 33*(1), 184-200. doi: 10.1017/S0954579419001688

Dolto, F. (2015). *A imagem inconsciente do corpo* (3. ed.). São Paulo: Perspectiva. (Trabalho original publicado em 1984)

Feldman, R. (2015a). Mutual influences between child emotion regulation and parent-child reciprocity support development across the first 10 years of life: Implications for developmental psychopathology. *Development and Psychopathology, 27*(4pt1), 1007-1023. doi: 10.1017/S0954579415000656

Feldman, R. (2015b). Sensitive periods in human social development: New insights from research on oxytocin, synchrony, and high-risk parenting. *Development and Psychopathology, 27*(2), 369-395. doi: 10.1017/S0954579415000048

Feldman, R. (2016). The neurobiology of mammalian parenting and the biosocial context of human caregiving. *Hormones and Behavior, 77*, 3-17. doi: 10.1016/j.yhbeh.2015.10.001

Franco, V. (2015). Paixão-dor-paixão: Pathos, luto e melancolia no nascimento da criança com deficiência. *Revista Latinoamericana de Psicopatologia Fundamental, 18*(2), 204-220. doi: 10.1590/1415-4714.2015v18n2p204.2

Franco, V. (2016). Tornar-se pai/mãe de uma criança com transtornos graves do desenvolvimento. *Educar em Revista, 59*, 35-48. doi: 10.1590/0104-4060.44689

Golse, B., & Amy, G. (2020). *Bebês maestros, uma dança das mãos*. São Paulo: Instituto Langage.

Granat, A., Gadassi, R., Gilboa-Schechtman, E., & Feldman, R. (2017). Maternal depression and anxiety, social synchrony, and infant regulation of negative and positive emotions. *Emotion, 17*(1), 11-27. doi: 10.1037/emo0000204

Gronita, J. (2008). *O anúncio da deficiência da criança e suas implicações familiares e psicológicas*. Lisboa: Instituto Nacional para a Reabilitação.

Guillamón, N., Nieto, R., Pousada, M., Redolar, D., Muñoz, E., Hernández, E., Boixadós, M., & Gómez-Zúñiga, B. (2013). Quality of life and mental health among parents of children with cerebral palsy: The influence of self-efficacy and coping strategies. *Journal of Clinical Nursing, 22*(11-12), 1579-1590. doi: 10.1111/jocn.12124

IBGE. *Censo de 2010*. Recuperado de: http://www.ibge.gov.br/home/estatistica/populacao/censo2010/default.shtm

Jerusalinsky, A. (1999). A direção da cura do que não se cura. In A. Jerusalinsky et al. (Orgs.). *Psicanálise e desenvolvimento infantil: Um enfoque transdisciplinar* (pp. 89-106). Porto Alegre: Artes e Ofícios.

Kisler, J. (2014). Parental reaction to disability. *Paediatrics and Child Health, 24*(8), 331-336. doi: 10.1016/j.paed.2014.04.004

Kisler, J., & McConachie, H. (2010). Parental reaction to disability. *Paediatrics and Child Health, 20*(7), 309-314. doi: 10.1016/j.paed.2010.02.010

Krink, S., Muehlhan, C., Luyten, P., Romer, G., & Ramsauer, B. (2018). Parental reflective functioning affects sensitivity to distress in mothers with postpartum depression. *Journal of Child and Family Studies, 27*(5), 1671-1681. doi: 10.1007/s10826-017-1000-5

Krstić, T., Mihić, L., & Mihić, I. (2015). Stress and resolution in mothers of children with cerebral palsy. *Research in Developmental Disabilities, 47*, 135-143. doi: 10.1016/j.ridd.2015.09.009

Kumar, R., Lakhiar, M. A. & Lakhair, M. A. (2016). Frequency and Severity of Depression in Mothers of Cerebral Palsy Children. *Journal of the Liaquat University of Medical and Health Sciences, 15*(3), 147-151.

Levin, E. (2001). *A função do filho: Espelhos e labirintos da infância*. Petrópolis: Vozes.

Luyten, P., Mayes, L. C., Nijssens, L., & Fonagy, P. (2017). The parental reflective functioning questionnaire: Development and preliminary validation. *PLoS One, 12*(5). doi: 10.1371/journal.pone.0176218. eCollection 2017.

Macedo, P. C. M. (2008). Deficiência física congênita e Saúde Mental. *Revista da Revista da Sociedade Brasileira de Psicologia Hospitalar, 11*(2), 127-139.

Mariotto, R. M. M., & Schaedler, M. C. (2013). A insustentável psicomedicalização da criança e seus impactos no discurso familiar. In I. K. Marin, & R. O. Aragão (Orgs.) *Do que fala o corpo do bebê* (pp. 77-89). São Paulo: Escuta.

Marrón, E. M., Redolar-Ripoll, D., Boixadós, M., Nieto, R., Guillamón, N., & Hernández, E. (2013).Carga de los cuidadores de ninos con paralisis cerebral: predictores y factores relacionados. *Universitas Psychologica, 12*(3), 767-778. doi: 10.11144/Javeriana.UPSY12-3.bccc

Montandon, M. (2018). Competencias parentales en padres de niños con discapacidad neuromusculoesquelética leve a moderada. *Rehabilitación Integral, 13*(2) 66-73.

Munhoz, C. N. (2011). *A relação mãe-bebê na formação da imagem corporal de crianças com paralisia cerebral* [Dissertação de Mestrado]. Instituto de Psicologia, Universidade de São Paulo.

Nagy, E. (2008). Innate intersubjectivity: Newborns' sensitivity to communication disturbance. *Developmental Psychology, 44*(6), 1779-1784. doi: 10.1037/a0012665

Nagy, E. (2011). The newborn infant: A missing stage in developmental psychology. *Infant and Child Development* [Special Issue: The Intersubjective Newborn], *20*(1), 3-19. doi: 10.1002/icd.683

Oliveira, A. K. C. D. (2016). *Autoconceito, autoeficácia e parentalidade: Crianças com deficiência física, com desenvolvimento típico e seus familiares*. Tese [Doutorado em Educação Especial]. Centro de Educação e Ciências Humanas, Universidade Federal de São Carlos, São Carlos.

OMS. (2020). *CIF – Classificação Internacional de Funcionalidade, Incapacidade e Saúde*. São Paulo: Edusp.

Pazzagli, C., Delvecchio, E., Raspa, V., Mazzeschi, C., & Luyten, P. (2018). The parental reflective functioning questionnaire in mothers and fathers of school-aged children. *Journal of Child and Family Studies, 27*(1), 80-90. doi: 10.1007/s10826-017-0856-8

Pereira, L. M., & Kohlsdorf, M. (2014). Ansiedade, depressão e qualidade de vida de pais no tratamento da paralisia cerebral infantil. *Interação em Psicologia, 18*(1), 37-46.

Piaget, J. (1999). *Seis estudos de psicologia* (24. ed.). Rio de Janeiro: Forense. (Texto original publicado em 1967)

Pousada, M., Guillamón, N., Hernández-Encuentra, E., Muñoz, E., Redolar, D., Boixadós, M., & Gómez-Zúñiga, B. (2013). Impact of caring for a child with cerebral palsy on the quality of life of parents: A systematic review of the literature. *Journal of Developmental and Physical Disabilities, 25*(5), 545-577. doi: 10.1007/s10882-013-9332-6

Priel, A., Djalovski, A., Zagoory-Sharon, O., & Feldman, R. (2019). Maternal depression impacts child psychopathology across the first decade of life: Oxytocin and synchrony as markers of resilience. *Journal of Child Psychology and Psychiatry, 60*(1), 30-42. doi: 10.1111/jcpp.12880

Ribeiro, M. F. M., Porto, C. C., & Vandenberghe, L. (2013). Estresse parental em famílias de crianças com paralisia cerebral: Revisão integrativa. *Ciência & Saúde Coletiva, 18*(6), 1705-1715.

Rosenbaum, P., Paneth, N., Leviton, A., Goldstein, M., Bax, M., Damiano, D., Dan, B., & Jacobsson, B. (2007). A report: The definition and classification of cerebral palsy. *Developmental Medicine & Child Neurology*, (suppl 109), 8-14.

Santos, R. S., & Dias, I. M. V. (2005). Refletindo sobre a malformação congênita. *Revista Brasileira de Enfermagem, 58*(5), 592-596. doi: 10.1590/S0034-71672005000500017

Santos, S. R., Dias, I. M. Á. V., Salimena, A. M. O., & Bara, V. M. F. (2011). A vivência dos pais de uma criança com malformações congênitas. *Revista Mineira de Enfermagem, 15*(4), 491-497.

SEADE (Fundação Sistema Estadual de Análise de Dados) (2000). Participação da população portadora de deficiência ou que apresentou alguma dificuldade física, por faixa etária, segundo tipo de deficiência ou dificuldade – município de São Paulo. Recuperado de http://produtos.seade.gov.br/produtos/msp/dem/dem9_005.htm

Silva, C. X., Brito, E. D., Sousa, F. S., & França, I. S. X. (2010). Criança com paralisia cerebral: Qual o impacto na vida do cuidador? *Revista da Rede de Enfermagem do Nordeste, 11*(Número Especial), 204-214.

Silva. D. R. (2017). *Explorando a imagem corporal de crianças com deficiência física congênita: Limites, traços e riscos* [Dissertação de Mestrado]. Instituto de Psicologia, Universidade de São Paulo, São Paulo.

Silva, D. R. (2022). *Sofrimento e parentalidade de bebês com deficiência física: Implicações para o desenvolvimento infantil* [Tese de Doutorado]. Instituto de Psicologia, Universidade de São Paulo, São Paulo.

Silva, D. R., & Herzberg, E. (2019). Entre ter uma deficiência e ser deficiente: Um estudo sobre as identificações. *Estilos da Clínica, 24*(2), 304-316. doi: 10.11606/issn.1981-1624.v24i2p304-316

Silva, D. R., Lerner, R., & Herzberg, E. (2018). Complexidade na abordagem da deficiência física: Discutindo aspectos pessoais, orgânicos e ambientais. *Revista Subjetividades, 18*(1), 56-67. doi: 10.5020/23590777.rs.v18i1.7094

Silva. D. R., Lerner, R., & Kupfer, M. C. M. (2020). Depressão em pais de crianças com deficiência física: uma revisão da literatura de 2013 a 2018. *Estudos e Pesquisas em Psicologia, 20*(2), 559-578. doi: 10.12957/epp.2020.52586

Simões, C. C., Silva, L., Santos, M. R., Misko, M. D., & Bousso, R. S. (2013). A experiência dos pais no cuidado dos filhos com paralisia cerebral. *Revista Eletrônica de Enfermagem, 15*(1), 138-145. doi: 10.5216/ree.v15i1.13464

Stern, D. (1992). *O mundo interpessoal do bebê: Uma visão a partir da psicanálise e da psicologia do desenvolvimento*. Porto Alegre: Artes Médicas.

Trevarthen, C. (2011). What is it like to be a person who knows nothing? Defining the active intersubjective mind of a newborn human being. *Infant and Child Development* [Special Issue: *The Intersubjective Newborn*], *20*(1), 119-135. doi: 10.1002/icd.689

Trevarthen, C., Aitken, K. J., Vandekerckhove, M., Delafield-Butt, J., & Nagy, E. (2006). Collaborative regulations of vitality in early childhood: Stress in intimate relationships and postnatal psychopathology. In D. Cicchetti, & D. J. Cohen (Eds.). *Developmental psychopathology: Theory and method* (2. ed., pp. 65-126). Hoboken: John Wiley & Sons.

Trevarthen, C., & Delafield-Butt, J. (2017). Intersubjectivity in the imagination and feelings of the infant: Implications for education in the early years. In White, E., & Dalli, C. (Eds.). *Under-three year olds in policy and practice. Policy and pedagogy with under-three year olds: Cross-disciplinary insights and innovations* (pp. 17-39). Springer: Singapore. doi: 10.1007/978-981-10-2275-3_2

Ulmer-Yaniv, A., Djalovski, A., Priel, A., Zagoory-Sharon, O., & Feldman, R. (2018). Maternal depression alters stress and immune biomarkers in mother and child. *Depression and anxiety*, 35(12), 1145-1157. doi: 10.1002/da.22818

Vadivelan, K., Sekar, P., Sruthi, S. S., & Gopichandran, V. (2020). Burden of caregivers of children with cerebral palsy: an intersectional analysis of gender, poverty, stigma, and public policy. *BMC Public Health*, 20(1), 1-8, art. 645. doi: 10.1186/s12889-020-08808-0

Vygotsky, L. S. (1991). *A formação social da mente: O desenvolvimento dos processos psicológicos superiores* (4. ed.). São Paulo: Martins Fontes. (Trabalho original publicado em 1978)

Vygotsky, L. S. (1997). *Obras escogidas V: Fundamentos de defectología*. Madrid: Visor.

Wallon, H. (2007). *A evolução psicológica da criança*. São Paulo: Martins Fontes. (Trabalho original publicado em 1941)

Wright, B. A. (1960). *Physical disability: A psychological approach*. New York: Harper & Row.

Yoo, J.-N. (2016). Correlations among motor function, quality of life, and caregiver depression levels in children with cerebral palsy. *The Journal of Korean Physical Therapy*, 28(6), 385-392. doi: 10.18857/jkpt.2016.28.6.385

GRÁFICA PAYM
Tel. [11] 4392-3344
paym@graficapaym.com.br